Quaderni
di Terra Santa

2

© 2015 Fondazione Terra Santa - Milano
Edizioni Terra Santa - Milano

*Per informazioni sulle opere pubblicate
e in programma rivolgersi a:*
Edizioni Terra Santa
Via Giovanni Gherardini, 5 - 20145 Milano
Tel. +39 02 34592679
Fax + 39 02 31801980
http://www.edizioniterrasanta.it
e-mail: editrice@edizioniterrasanta.it

Progetto grafico *Elisa Agazzi*
Editing *Roberto Orlandi*
Impaginazione *Elisabetta Ostini*

In copertina:
veduta del Monte degli Ulivi
(foto archivio ETS)

Finito di stampare nel febbraio 2015
da Press Grafica - Gravellona Toce (VB)
per conto di Fondazione Terra Santa

ISBN 978-88-6240-216-3

IL MONTE DEGLI ULIVI

e i suoi santuari

A cura di
Eugenio Alliata ed Elena Bolognesi

edizioni
terra santa

Indice

Introduzione

G esù amava recarsi e sostare sul Monte degli Ulivi: l'evangelista Luca (22,39) menziona questa consuetudine all'inizio dei giorni della Passione. Questa altura, già ampiamente menzionata nell'Antico Testamento, custodisce alcune tra le memorie più care alla tradizione cristiana.

Risalendo la valle del Cedron, si possono visitare le testimonianze dell'agonia e dell'arresto di Gesù, ma anche il suo insegnamento agli apostoli, il pianto su Gerusalemme e l'ascensione al cielo. E altre ancora. Come nel caso dell'antica Tomba di Maria, accreditata dalle molte versioni antiche di un testo apocrifo del II secolo d.C., il *Transitus B.M. Virginis*. La Tomba della Vergine si trova ai piedi del Monte ed è meta di continui pellegrinaggi. Due millenni di storia e di archeologia, dunque, ma soprattutto di fede e di devozione: generazione dopo generazione, la comunità cristiana ha custodito questi luoghi anche in tempi di difficoltà e persecuzione.

Il volume è diviso in tre sezioni. Nella prima viene descritto lo sviluppo storico dei siti più significativi del Monte degli Ulivi, dagli episodi biblici fino alle vicende più recenti. Nella seconda sezione, il lettore è accompagnato nella visita dei siti, per scoprirne il patrimonio artistico e archeologico, accanto a curiosità e particolari poco conosciuti. Infine, nella terza e ultima sezione, dedicata al valore spirituale della visita a questi luoghi, vengono riportati i testi evangelici che a essi si riferiscono, preceduti da una breve introduzione.

Si ringraziano Fra Rosario Pierri (Pater Noster, Dominus Flevit e Tomba di Maria) e fra Jerzy Kraj (Betfage) per la collaborazione ai testi e Angela Ricci per la raccolta dei materiali.

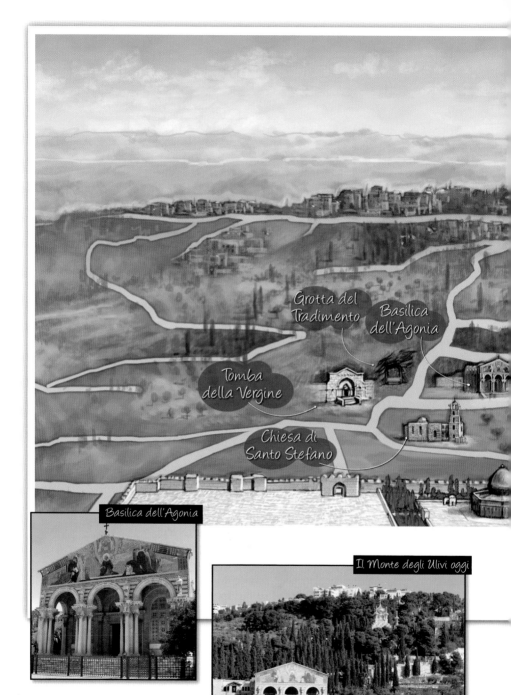

Grotta del
Tradimento

Basilica
dell'Agonia

Tomba
della Vergine

Chiesa di
Santo Stefano

Basilica dell'Agonia

Il Monte degli Ulivi oggi

Ascensione

Pater Noster

Dominus Flevit

Chiesa di Maria Maddalena

Tomba di Maria

Edicola dell'Ascensione

La storia

Il nome *Monte degli Ulivi* è usato per la prima volta dal profeta Zaccaria: «I suoi piedi si poseranno, in quel giorno, sopra il Monte degli Ulivi, che sta di fronte a Gerusalemme» (14,4). A partire dalla seconda metà del XII sec. il Monte degli Ulivi venne chiamato dagli arabi *Jabal at-Tur*, vocabolo di origine aramaica il cui significato è "monte per eccellenza" o "monte santo". È interessante osservare che, nell'Antico e nel Nuovo Testamento, con questo titolo sono citate altre tre montagne: Sinai, Garizim e Tabor. Oggi gli arabi lo chiamano semplicemente *at-Tur*. Il Monte degli Ulivi presenta diverse alture, delle quali tre sono le principali: da nord a sud *Karm as-Sayyad* (vigna del cacciatore) (804 m); al centro *Jabal at-Tur* (808 m), luogo tradizionale dell'Ascensione; a sud-ovest, al di là della strada che da Gerusalemme porta a Gerico, *Batn al-Hawà* (ventre del vento) (734 m), detto anche Monte dello Scandalo.

Il Monte degli Ulivi deve la sua fama quasi esclusivamente alla storia religiosa e ha sempre mantenuto la sua caratteristica di luogo spirituale, anche se, per la sua posizione dominante su Gerusalemme, sui suoi fianchi e sulle sue alture si accamparono diversi eserciti in guerra. Esso viene ricordato sia nell'Antico che nel Nuovo Testamento e secondo il Talmud qui si bruciava la *giovenca rossa*, le cui ceneri servivano per la preparazione dell'acqua lustrale (cfr. Nm 19,1-10). Dietro ordine del Sinedrio, sul Monte dell'Unzione (altro nome del Monte degli Ulivi secondo la tradizione ebraica, con riferimento all'olio utilizzato per ungere re e sommi sacerdoti) venivano accesi dei fuochi per segnalare la luna nuova.

Per almeno tre secoli il Monte fu il centro culturale e religioso dei giudeo-cristiani, come si ricava dai loro libri o dai reperti archeologici rinvenuti presso il sito del *Dominus Flevit*. A partire dall'epoca costantiniana vi fu un fiorire di chiese e monasteri; in seguito, il passaggio dei persiani spazzò via gli edifici bizantini, ma non le memorie. Con l'arrivo dei crociati, in diversi siti furono ripristani e ampliati i luoghi di culto, poi nuovamente danneggiati o distrutti durante alcuni califfati islamici.

I nuovi dominatori permisero tuttavia agli ebrei di ritornare a Gerusalemme e di riprendere i pellegrinaggi. Dalla fine dell'VIII sec., infatti, essendo proibito agli ebrei l'accesso al Monte del Tempio, il Monte degli Ulivi era divenuto un punto di riferimento essenziale per il culto. Nella festa di *Hoshana Rabba*, tra canti e preghiere, giravano intorno al Monte sette volte. Era l'occasione in cui si proclamavano le nuove lune, le festività e l'intercalazione degli anni. Secondo una ricostruzione condotta sulla base di alcune testimonianze scritte ebraiche, il luogo d'adunanza e di preghiera corrisponde al fianco occidentale del Monte e all'area coperta dal cimitero ebraico.

Per quanto riguarda la presenza cristiana, non c'è pellegrino del passato che non abbia parlato del Monte degli Ulivi, descrivendo non solo i luoghi ma anche le liturgie che vi si svolgevano. Tra i pellegrini più famosi ricordiamo: Egeria (380-384), Pietro Iberico (500), l'Anonimo piacentino (570), Arculfo (670) e altri ancora, più o meno conosciuti. Ancora oggi i pellegrini cristiani visitano i diversi santuari del Monte, vi sostano in preghiera e leggono i passi biblici legati alle diverse memorie.

Quattro immagini,
scattate tra la fine
del XIX e la prima
metà del XX secolo,
che testimoniano
le trasformazioni
del Monte degli Ulivi.
Si distinguono i tre
sentieri che salgono
verso la cima
del monte e l'area
del Getsemani prima
e dopo la costruzione
della Basilica
dell'Agonia

Edicola
dell'Ascensione
all'inizio
del XX secolo

Ascensione

Eusebio di Cesarea racconta che Costantino (tra il 320 e il 333) aveva eretto una basilica, detta *Eleona*, sulla Grotta nella quale Gesù aveva insegnato ai suoi discepoli e che, in questo stesso luogo, si ricordava l'Ascensione. Presto però fu realizzato un secondo luogo di culto, che prese il nome di *Imbomon*, proprio sulla sommità del Monte, considerata dai cristiani il luogo esatto dove era avvenuta l'ascesa di Gesù al Cielo. Da allora questa localizzazione non è mai stata messa in discussione. Secondo la biografia del vescovo monofisita Pietro l'Iberico, redatta verso il 500, fu Poemenia, nobildonna romana, a promuovere la costruzione del primo edificio sul luogo dell'Ascensione, negli anni che precedettero l'arrivo a Gerusalemme di Melania l'Anziana (378), fondatrice di un monastero sul Monte degli Ulivi. Il fatto che la pellegrina Egeria (383) parli di un luogo di culto (*Imbomon* è un termine proveniente dal greco che può significare "sulla cima" o "sulla collina") e non di una vera e propria chiesa, confermerebbe l'ipotesi che da principio vi fosse soltanto un luogo per accogliere i pellegrini. Un santuario, quindi, non una chiesa. Se così fosse, la costruzione della chiesa propriamente detta andrebbe posta sotto il regno dell'imperatore Teodosio I, verso il 390. Si trattava di una costruzione a pianta centrale, alla quale nel 438 fu annesso un oratorio e un monastero per uomini, fatto costruire da Melania la Giovane perché fosse a servizio della basilica.

Egeria riferisce che la comunità di Gerusalemme si riuniva all'*Inbomon* la Domenica delle Palme, il Giovedì Santo, ogni pomeriggio dell'ottava di Pasqua e la domenica di Pentecoste. La giornata di Pentecoste, in particolare, era ricca di celebrazioni: al mattino messa al Santo Sepolcro e processione al monte Sion; nel pomeriggio preghiera all'*Inbomon* quindi presso l'*Eleona*, per poi ritornare al Santo Sepolcro e al monte Sion.

L'edificio bizantino. La forma architettonica del santuario dell'Ascensione è descritta per la prima volta dal pellegrino Arculfo (670). Benché non si trattasse della primitiva chiesa voluta da Poemenia, incendiata dai persiani nel 614 insieme ad altri luoghi di culto, quello che Arculfo visitò e disegnò era un edificio restaurato o ricostruito verso il 616 (probabilmente dall'abate Modesto, capo della comunità gerosolimitana) sulla pianta originale, come hanno confermato gli scavi più recenti. Si presentava nella forma di un grande edificio circolare composto da tre portici coperti a volta. Al centro, a cielo aperto, una cancellata circolare per proteggere il luogo in cui si potevano vedere le impronte dei piedi di Gesù e, un po' spostato a est, l'altare, forse coperto da un ciborio. Il portico d'ingresso, con tre porte, era a sud. Nella parte superiore della chiesa, sul lato verso la città, c'erano otto finestre a vetri, che nella notte venivano illuminate da lampade.

L'invasione islamica del 638 non sembra aver turbato oltre misura la vita liturgica del santuario, che rappresen-

L'edicola disegnata da un pellegrino in Terra Santa nel 1518

STORIA

LA PRESENZA FRANCESCANA

Nel corso dei secoli l'accesso dei pellegrini al santuario dell'Ascensione non è sempre stato facile e siamo al corrente almeno di un periodo preciso, dal 1600 al 1681, durante il quale fu completamente interdetto ai cristiani. I francescani cercarono sempre di facilitare il più possibile l'ingresso al santuario, sia per se stessi che per i pellegrini, e continuarono a ricoprire il loro ruolo di custodi anche nei periodi in cui il luogo fu loro negato: nel 1617, ad esempio, il governatore di Gerusalemme fece restaurare la cupola crociata e il pavimento del recinto, e i frati contribuirono alle spese con una somma considerevole. Nel maggio del 1834 un terremoto fece sprofondare la cupola: i francescani la riedificarono a loro spese e in compenso furono autorizzati, essi soli, a celebrare nel giorno dell'Ascensione all'interno dell'edicola con un altare portatile.

Il complesso
dell'Ascensione
disegnato
dal pellegrino
Electus Zwinner
nel 1661

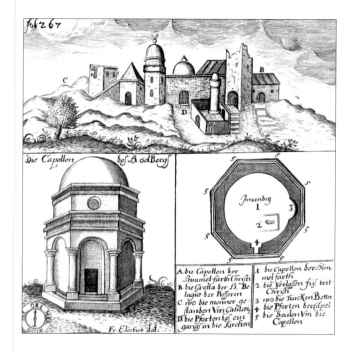

tava un'importante stazione di pellegrinaggio in diverse occasioni nell'anno. Si assistette probabilmente a un lento declino, al punto che al principio del IX secolo si contavano soltanto tre chierici in servizio presso la chiesa dell'Ascensione.

Le ultime testimonianze relative all'edificio bizantino sono riconducibili al monaco Epifanio (IX secolo), che aggiunge alcuni particolari: il pavimento in marmo al di fuori delle colonne e un'abside con altare verso est sul quale celebrava il patriarca nella festa dell'Ascensione.

La basilica medievale. Nei primi anni del regno latino di Gerusalemme, i crociati costruirono un nuovo edificio, le cui caratteristiche si evincono dalle testimonianze dei pellegrini dell'epoca e dalle vestigia ancora visibili, per le quali si rimanda alla sezione dedicata alla visita (p. 45). I crociati costruirono anche torri e mura fortificate, che il

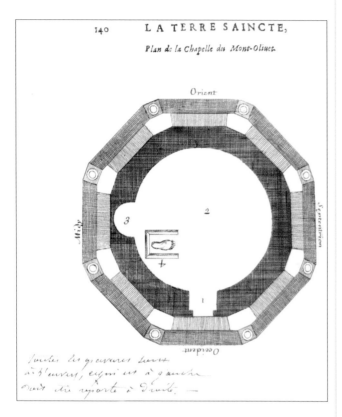

Pianta dell'Edicola dell'Ascensione disegnata da Eugène Roger nel 1646. Si noti l'impronta del piede di Gesù

pellegrino Teodorico ammirava ancora nel 1172. Questa fortezza faceva parte di una linea di difesa destinata a proteggere la strada di Gerusalemme, insieme alla torre di Betania, al castello di Maldoim, presso il *khān* del Buon Samaritano, e alla fortezza di Gerico.

Il santuario medievale occupava un'area più estesa del precedente e anche il livello era superiore a quello originale di diversi metri, a motivo della distruzione e copertura delle mura bizantine. A pianta ottagonale, l'edificio comprendeva al suo interno un'edicola, anch'essa di forma ottagonale, con due colonne su ogni spigolo. Al centro della cupola, in corrispondenza dell'edicola, una grande

Il Monte degli Ulivi ne
*Il devotissimo viaggio
di Gerusalemme*
di Giovanni Zuallardo
(1595)

apertura rievocava la salita al cielo di Gesù. L'edicola custodiva una pietra sulla cui superficie la tradizione aveva visto impresse le ultime impronte lasciate da Gesù.

Del santuario crociato si conserva, anche se trasformata, la cappella ottagonale, con bellissimi capitelli in marmo. Del recinto ottagonale non resta quasi più nulla. Dato che il santuario è di proprietà islamica, non è possibile condurre un'esplorazione archeologica completa anche se la parte orientale appartiene ai francescani, ai greci e agli armeni ortodossi. La proprietà francescana, che si trova a sud-est, è stata esplorata nel 1959 da padre Virgilio Corbo, frate minore e archeologo dello *Studium Biblicum Franciscanum* di Gerusalemme. I greco-ortodossi e gli armeni posseggono anch'essi parte delle rovine. Lo scavo ha messo in luce un muro curvo, spesso 1,56 m, e dei contrafforti che provano la forma circolare della chiesa bizantina, in accordo con il disegno lasciato da Arculfo. Sono venute alla luce anche le fondazioni dei monasteri di Santa Melania. È molto significativo il ritrovamento del livello originario del Monte a ben 8 m di profondità sotto il pavimento dell'edicola crociata. Si tratta di ritrovamenti importanti, ma purtroppo ancora insufficienti per poter ricostruire esattamente la struttura del santuario bizantino. Padre Corbo, tenendo presente la relazione e il disegno di Arculfo, ipotizzò la presenza di tre porticati a volta, un portico inferiore (in parte ritrovato) e due portici superiori che circondavano uno spazio a cielo aperto. Paolino di Nola (403) e Sulpicio Severo (405) raccontano che i costruttori dell'edificio non riuscirono a livellare e pavimentare il luogo dove Gesù aveva posato i piedi, perché furono continuamente disturbati e interrotti da una serie di fatti prodigiosi: per quanto facessero, le impronte dei piedi di Gesù affioravano sempre. Con l'invasione musulmana fu fatta togliere la croce che stava sul santuario, tuttavia si continuò, anche se in forma ridotta, a compiere i pellegrinaggi liturgici.

L'edificio andò progressivamente in rovina, finché verso il 1120-1170 i cristiani di Gerusalemme posero mano a un restauro.

Al tempo dei crociati le celebrazioni in questo luogo venivano officiate da una comunità di monaci agostiniani.

L'anno successivo alla disfatta definitiva dei crociati (1188), Saladino assegnò «la terra del Monte degli Ulivi» a due famiglie musulmane e la trasformò in pia fondazione islamica. Se il monastero risultava già distrutto nel 1212, la chiesa dell'Ascensione non sembra aver subito immediatamente grossi danni, ma la cappella centrale venne trasformata in una piccola moschea, con il caratteristico *mihrab*, la nicchia che indica la direzione della preghiera, ancora oggi visibile.

La pietra che custodisce le impronte dei piedi di Gesù, lasciate al momento dell'Ascensione, si è conservata attraverso i secoli, ma una delle due impronte oggi è quasi scomparsa, soprattutto perché era usanza dei pellegrini raschiare la pietra per portarne con sé un ricordo. A quanto si racconta, a partire dal XVII sec. i *mufti* di Gerusalemme solevano inviare al sultano una fiala di cristallo con un po' di polvere raccolta dall'incavo della pietra.

Il santuario del Pater Noster

La versione del *Padre Nostro* assunta nella liturgia e universalmente più conosciuta è quella di Matteo (Mt 6,9-13). Più lunga rispetto al testo di Luca, è stata

Il convento delle Carmelitane a cavallo tra XIX e XX secolo

inserita dal primo evangelista nella sezione conosciuta sotto il nome di "Discorso della Montagna", mentre è nel contesto del cammino di Gesù verso Gerusalemme che Luca ambienta l'episodio dell'insegnamento della preghiera, immediatamente dopo la visita di Gesù a Marta e Maria a Betania. Da qui probabilmente l'ambientazione dell'insegnamento sul luogo dove sorgeva la basilica dell'*Eleona*, una delle tre basiliche che Costantino fece erigere in Terra Santa nel IV sec. Le tre basiliche, come ricorda Eusebio di Cesarea (260-340), furono costruite su tre grotte collegate a tre misteri della fede: la grotta della Natività (Betlemme), la tomba scavata nella roccia (Resurrezione), la grotta del Monte degli Ulivi (Ascensione). In un primo tempo infatti le due memorie, insegnamento e Ascensione, coesistettero associate nello stesso luogo, ma in seguito, quando il ricordo dell'Ascensione si trasferì in una sede autonoma, alla grotta del Monte degli Ulivi rimase legata esclusivamente la memoria del discorso escatologico (Mt 24,1-26,2). Oggi i due luoghi sono separati da una strada e da abitazioni. È la pellegrina Egeria a riferire di questa memoria, quando racconta di aver ascoltato il passo del vangelo di Matteo il giovedì della Settimana Santa. Solo molto più tardi alla memoria originaria si sostituì quella dell'insegnamento del *Pater*. Sebbene non si possa affermare con certezza, queste testimonianze lasciano ragionevolmente pensare che questo fosse proprio il sito dell'*Eleona* costantiniana, distrutta probabilmente, come tante altre, durante la conquista persiana del 614. Il pellegrino anglosassone Sewulfo attesta che al tempo della sua visita (1102-1103) non restava più nulla della «bellissima» chiesa eretta sul luogo dove Gesù aveva insegnato il *Pater*. Alcuni anni dopo, l'abate russo Daniel ammirò tuttavia «una grande chiesa», sotto la quale si trovava la grotta nella quale il Signore aveva insegnato agli apostoli a pregare. A questa chiesa, la cui esistenza è attestata anche da altri pellegrini, era unito il «monastero del santo Pater Noster», già in rovina all'inizio del XIII sec. I cristiani, approfittando della tregua tra Federico II e il sultano d'Egitto (1229-1244), rioccuparono il luogo e provvidero al restauro della chiesa. Nel 1857 Aurelia Bossi, principessa de la Tour d'Auvergne, acquistò il terreno e le rovine dell'antico santuario, e vi fece costruire l'attuale convento delle suore carmelitane (1872). Nel 1910-11 sul sito furono condotti una serie di scavi: non si trovò quasi nulla della chiesa medievale, salvo qualche pietra scolpita e, forse, le pietre tombali dei due fratelli che fecero costruire a loro spese l'edificio. Anche la ricerca dei resti dell'*Eleona* non produsse risultati significativi, sebbene siano stati rinvenuti materiali dell'epoca costantiniana. La scoperta più importante fu la grotta che si vede ancora oggi: la presenza di una piccola abside e di graffiti provava infatti che il luogo era stato venerato in passato. Durante la Prima Guerra Mondiale il sito, e in particolare la grotta, subì danni notevoli. Nel 1920 l'episcopato francese iniziò i lavori per la costruzione di una basilica in onore del Sacro Cuore,

Il chiostro con le
maioliche recanti
il testo del
Padre Nostro
in più di 150 lingue

che per varie ragioni non fu mai terminata, ma che doveva essere innal-
zata proprio sopra la grotta, alla quale
era ormai stabilmente legato il ricordo
dell'insegnamento del *Padre Nostro*. La
ragione dell'esposizione permanente
dei *Pater* in più di 150 lingue affonda
infine le sue radici in una tradizione
risalente al periodo crociato. Un pellegrino, nel 1102, raccontava di aver
sentito parlare di una tavola di marmo
con inciso il *Padre Nostro* in lingua ebraica. Un altro, nel
1170, testimoniò di averne vista una in lingua greca sotto
l'altare (evidentemente della cappella crociata). Durante
gli scavi all'inizio del XX sec. emerse invece una lastra
con la versione della preghiera in latino.

Dominus Flevit

Nel 1891 la Custodia di Terra Santa costruì una piccola cappella su un terreno che aveva da poco acquistato.
Il terreno era vicino alle rovine di una moschea (*al-Man-
suriyah*) che si diceva costruita sul luogo di una cappella
crociata, edificata a ricordo del pianto di Gesù. Alla nuova
cappella fu pertanto dato il nome di *Dominus Flevit*. Negli
anni successivi, al terreno originario si aggiunsero nuovi appezzamenti, finché nel 1953 la Custodia diede ordine di riparare il muro di cinta, pericolante in vari punti.
Durante i lavori, padre Bellarmino Bagatti fu incaricato
di condurre un'indagine archeologica. Subito rinvenne
un'importante necropoli e, successivamente, fu scoperta
una tomba che non aveva nulla a che fare con quelle della
necropoli. Si trattava di una grotta naturale, composta da
due camere più o meno rotondeggianti, separate da un
banco roccioso. Vi si rinvennero moltissimi oggetti dell'e-
poca del Bronzo Recente e alcuni altri del Bronzo Medio:
braccialetti, piatti, lampade, vasi in alabastro e maiolica,

anelli, scarabei ecc. La tomba venne fatta risalire ai secc. XVI e XIII a.C., quando la città di Gerusalemme era abitata dai Gebusei. Gli scavi rivelarono infine l'esistenza di un'altra necropoli situata a est, sempre lungo il muro in riparazione, con sepolture risalenti a due differenti periodi: dal II sec. a.C. al II sec. d.C. e dal IV al VI sec. d.C.

Nel novembre del 1954 fu scoperto un frammento di mosaico che portò al ritrovamento di un monastero. Padre Bagatti, basandosi sulla ceramica e sulle monete

Esterno del
Dominus Flevit

STORIA

ritrovate, ne collocò la costruzione tra il 620 e il 630. In seguito affiorarono anche la cappella del monastero, un oratorio, alcune stanze, il chiostro, un pressoio e un cimitero. Nel 1955, infine, l'architetto Antonio Barluzzi fu incaricato di costruire la nuova cappella proprio sul luogo dell'antico monastero.

La vetrata del
Dominus Flevit

Le tombe del Dominus Flevit

Il *Dominus Flevit* si trova a metà costa del Monte degli
Ulivi (avendo come punto di riferimento il Getsemani e non
il fondo della valle del Cedron) in un'area notoriamente
destinata fin dall'antichità alla sepoltura; la scoperta della
necropoli, quindi, non destò meraviglia. In una ventina di
camere funerarie furono trovati numerosi ossuari e alcuni
sarcofagi con motivi architettonici, floreali e geometrici. I
ritrovamenti furono importanti per la conoscenza della città
antica di Gerusalemme, gli scavi del *Dominus Flevit* rimar-
ranno nella storia dell'archeologia della Terra Santa e del
Cristianesimo per i simboli e i nomi incisi o tracciati sugli
ossuari. Man mano che lo scavo procedeva, affiorava con
loro la testimonianza scritta, incisa su pietra, della presenza
a Gerusalemme di cristiani della seconda o terza generazione. Le loro spoglie furono seppellite in quel luogo del
Monte degli Ulivi che, agli occhi dei credenti di allora, e
ancora oggi per gli ebrei ortodossi, era il versante orientale
della valle di Giosafat (Cedron), dove, secondo una lettura
tendente a localizzare qui due vaticini del profeta Gioele
(4,2.12), avverrà il giudizio finale. È sufficiente ricordare il
primo: «Riunirò tutte le nazioni e le farò scendere nella val-

le di Giòsafat, e là verrò a giudizio con loro per il mio popolo Israele, mia eredità, che essi hanno disperso fra le genti dividendosi poi la mia terra». Giosafat significa "Dio ha giudicato" ma, probabilmente, il profeta parlava in termini simbolici di luogo di giudizio e non doveva riferirsi a un luogo geografico. I simboli furono studiati da Bellarmino Bagatti e Jòzef Milik. Incisi o tracciati con carbone, sulle pareti degli ossuari comparivano croci, la lettera *Tau*, l'ultima dell'alfabeto ebraico, monogrammi costantiniani e ben 43 iscrizioni in ebraico, aramaico e greco, e ancora nomi ricorrenti nel Nuovo Testamento come Maria, Marta, Filone il Cireneo, Matteo, Giuseppe e Gesù. Bagatti e Milik, di fronte a tali evidenze, ipotizzarono che la necropoli scoperta poteva essere stata un luogo di sepoltura di giudeo-cristiani.

La visita al *Dominus Flevit* si arricchisce, quindi, di una testimonianza storica di grande importanza per i cristiani. Quegli ossuari, con i loro simboli e i loro nomi, ci rimandano all'anello ininterrotto che collega la fede dei discepoli di Gesù a quella dei cristiani della prima e della seconda generazione vissuti in Terra Santa e ai credenti dei secoli successivi. In qualche maniera un'espressione tangibile di tale continuità è la tradizione di visitare, a partire dalla seconda settimana di Quaresima, alcuni santuari associati alla memoria della Passione di Gesù nell'area di Gerusalemme. La peregrinazione, guidata dai francescani, si svolge ogni mercoledì e vi partecipano cristiani locali, religiosi e pellegrini. La prima tappa di questo itinerario è proprio il *Dominus Flevit*. Le letture della messa che vi si celebra per l'occasione pongono al centro il brano del pianto di Gesù su Gerusalemme, ed è un vero dono ascoltare quelle parole in questa piccola chiesa guardando Gerusalemme attraverso la "vetrata con il calice". La città santa appare come trasfigurata e il suo rifiuto di riconoscere Gesù come Messia trova un eco premonitore nell'ascolto delle accorate parole del profeta Geremia: «Date gloria al Signore vostro Dio, prima che venga l'oscurità e i vostri piedi inciampino sui monti, al cadere della notte» (Ger 13,16).

La Basilica dell'Agonia e il Giardino degli Ulivi

Secondo l'opinione comune e la tradizione del paese, gli otto ulivi secolari che i francescani custodiscono con gelosa cura sarebbero stati testimoni dell'agonia di Gesù. I frati minori, fin dal momento del loro arrivo a Gerusalemme, ne ebbero una venerazione particolare, ma riuscirono a venirne effettivamente in possesso solo nel 1681. La questione se questi alberi risalissero effettivamente all'epoca di Cristo è stata molto dibattuta. La prima menzione di queste piante lasciataci dai pellegrini è del XV sec.; prima di quest'epoca è probabile che nel luogo non ci fossero ulivi, in caso contrario resoconti come quello di Egeria o di Arculfo ne avrebbero quasi certamente segnalato la presenza. Inoltre, come si legge nella *Guerra Giudaica* dello storico ebreo Giuseppe Flavio, al tempo dell'assedio di Gerusalemme, nel 70 d.C., i romani fecero abbattere tutti gli alberi intorno alla città. Nonostante ciò, poiché già Plinio il Vecchio aveva notato che l'ulivo ha la capacità di rinascere sempre dallo stesso ceppo, per secoli si è ritenuto che quelli che noi veneriamo oggi siano i polloni (i "germogli") nati dalle piante del tempo di Gesù. Per molto

Nel disegno tratto da Zuallardo (1595) si distinguono: il luogo della lapidazione di Stefano (C), la Tomba di Maria (D), l'Orto degli Ulivi (E)

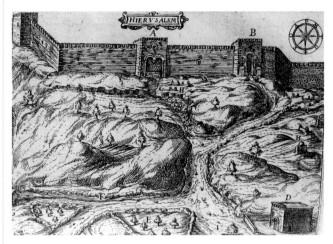

L'interno della Basilica
dell'Agonia prima
della fine della
campagna decorativa

STORIA

tempo è stato inoltre avanzato anche un altro tipo di prova, grazie alla quale la presenza degli ulivi veniva fatta
risalire almeno al periodo precedente la conquista araba
del 636. Nel XVI sec., infatti, il fisco turco aveva istituito
una tassa di entità inferiore al normale sul prodotto degli
alberi piantati prima del 636. Dagli archivi della Custodia risulta che gli otto ulivi del Getsemani rientrassero in
questo speciale regime fiscale, ma l'esenzione fu probabilmente applicata in virtù della natura religiosa del luogo, riconosciuta dai musulmani. Recenti studi, condotti
direttamente sul tronco delle piante, hanno infine escluso
la possibilità che la parte oggi visibile degli alberi possa
risalire all'epoca di Gesù, sebbene si tratti indubbiamente
di ulivi molto antichi.

La tradizione del luogo è remota, come dimostra la
testimonianza di Eusebio di Cesarea che, nel suo *Onomastico* (295 d.C.) dei luoghi biblici, descrive quest'area
come il luogo «dove Cristo si recò a pregare prima della
sua Passione. Si trova nei pressi del Monte degli Ulivi,
e tuttora vi accorrono i fedeli per pregarvi». Girolamo,
riprendendo nel 390 circa il testo di Eusebio, ricorda
che, ai suoi tempi, sul luogo si trovava una chiesa. La
notizia è confermata dalla pellegrina Egeria, che parla

di una chiesa «elegante». La basilica bizantina fu molto probabilmente costruita, in base alle testimonianze di Girolamo e di Egeria, tra l'inizio del regno di Teodosio (379-393) e la fine dell'episcopato di Cirillo di Gerusalemme (348-386). Gli *Annali* di Eutichio, patriarca di Alessandria, riferiscono dell'edificazione della chiesa di «Gismanie».

Monte degli Ulivi:
in primo piano,
la Basilica dell'Agonia.
Si intravedono
la chiesa russa
di Maria Maddalena
e il *Dominus Flevit*

Dalla medesima fonte apprendiamo che la prima chiesa a essere distrutta dai persiani nel 614 fu proprio questa: i frammenti di mosaici scoperti all'inizio del XX sec., visibili nell'edificio attuale, portano infatti tracce di incendio. Negli *Annali* si legge che la chiesa rimase in rovina fino al X sec. Nel 1102 Sewulfo ricorda l'esistenza di un oratorio sul luogo dove il Signore pregò. Un decennio più tardi (1112) vi sorgeva la chiesa crociata di San Salvatore, che nel XIV sec. era però sicuramente già in rovina (alcune fonti affermano che fosse stata completamente distrutta già da Saladino nel 1187).

L'acquisto da parte della Custodia di Terra Santa dell'area del Getsemani, che comprende anche quella parte antistante il santuario al di là della strada nella valle del Cedron, fu un'operazione lunga e complessa, che si protrasse dal 9 novembre 1661 al marzo del 1905, quando per 57.000 franchi gli armeni cedettero ai frati il terreno a sud del Giardino. Nel novembre del 1661 «la S. Custodia comprò per mezzo dei suoi dragomanni 14 *chirati* (il chirato è ventiquattresima parte di una proprietà) e cinque sesti di chirato dell'Orto del Getsemani dai villani di Siloe». Interessante sapere che, dopo l'acquisto di un altro chirato e mezzo del Giardino il 5 febbraio 1662 «tutto l'Orto del Getsemani era in possesso dei Francescani, e ne sborsavano annualmente una certa tassa al legato pio della scuola di Salahie, prevedendo i Religiosi che altri acquistassero il terreno limitrofo». Altri diciotto chirati «immediatamente a mezzogiorno dell'Orto» passarono nelle mani della Custodia il 2 maggio 1681, dove «dopo due secoli, fu trovato il vero luogo dell'Agonia di Gesù, ove ora sorge l'attuale Basilica» ("I faticosi e progressivi acquisti per il sacro Orto di Getsemani e dintorni fatti dalla Custodia di Terra Santa", *La Terra Santa*, n. 5 (1924), p. 147).

Facciata della
Basilica dell'Agonia

Nel 1924 la Custodia di Terra Santa diede mandato all'architetto Antonio Barluzzi di costruirvi una chiesa. In un primo tempo Barluzzi pensò di erigerla su quanto rimaneva del periodo crociato (la chiesa di San Salvatore), intendendone rispettare i resti e le dimensioni. Di quella chiesa rimanevano le tre absidi costruite su tre rocce, che sono i tre luoghi dove la tradizione vuole che Gesù si sia inginocchiato. Su quella centrale era stato elevato l'altare. Nel corso dei lavori vennero alla luce le rovine di una chiesa bizantina che si rivelò essere quella di epoca teodosiana. La qualità dei materiali impiegati e la fattura dei ritrovamenti, tra cui un capitello e parti dei mosaici del pavimento, rivelarono quanto fosse davvero "elegante" la chiesa visitata da Egeria.

La Tomba di Maria
e il luogo in cui
Gesù fu arrestato
(da Zuallardo, 1595)

Grotta del Getsemani (o del Tradimento)

La storia della Grotta del Getsemani è sicuramente molto antica. La presenza di una piccola cisterna per l'acqua e di quello che è stato identificato come un pressoio per le olive, testimonia che l'ambiente era originariamente adibito a un uso agricolo ed era già frequentato all'epoca di Cristo. Da qui l'identificazione della grotta come il luogo del Monte degli Ulivi nel quale Gesù si recava abitualmente con i discepoli e dove sarebbe avvenuto il suo arresto la notte del Giovedì Santo. Nel IV sec. la grotta originaria fu perciò unita con la volta più bassa della parte centrale e trasformata in una piccola chiesa rupestre, che i crociati successivamente decorarono con

LA PRESENZA FRANCESCANA

Dal 1681 il Giardino degli Ulivi è in possesso ufficiale, legale e definitivo della Custodia di Terra Santa. Il documento principale di questa transazione è un certificato di compravendita emanato dal tribunale religioso islamico di Gerusalemme, che porta la data del 13 rabi' 1092 (2 maggio 1681). Da tempo i francescani erano interessati all'acquisto di questo terreno e avevano già avviato delle trattative con i proprietari turchi, senza però concludere nulla. Il 19 marzo 1681 giunsero a Gerusalemme in pellegrinaggio due fratelli, dei quali conosciamo il nome grazie al registro dei pellegrini noto come *Navis Peregrinorum*. Paolo e Giacomo Brankovic erano due nobili cattolici nativi di Sarajevo – a quel tempo sotto la dominazione turca – ed erano giunti in Terra Santa accompagnati da un padre francescano e da due servitori. Conosciuto

il desiderio della Custodia di comprare il terreno su cui sorgeva il Giardino, si offrirono di pagare le spese, che erano piuttosto considerevoli poiché i proprietari erano molti e fra di loro vi erano anche parecchie vedove e orfani. Ufficialmente il Giardino fu venduto per 90 piastre, più alcune regalie, ma il prezzo reale fu sicuramente molto maggiore: già allora era uso diminuire la cifra sui documenti ufficiali per evitare le tasse, una pratica ben nota alle stesse autorità. Il tribunale che convalidò la compravendita dichiarò inoltre il terreno *waqf*, cioè bene religioso legato a una persona o, come in questo caso, a un'istituzione, e pertanto non commerciabile né trasferibile. Nei secoli successivi la Custodia acquistò altre parti di terreno adiacenti; gli attuali confini della proprietà francescana furono raggiunti nel 1905.

COSA SI INTENDE CON "GETSEMANI"?

Il nome Getsemani viene spesso usato impropriamente come sinonimo di Monte degli Ulivi, oppure per indicare l'intera parte inferiore del monte. In realtà la parola di origine aramaica "Getsemani" (da *gaṭ šᵉmānê*) vuol dire letteralmente "frantoio", "pressoio per l'olio" e fa perciò pensare a un luogo chiuso, più che a un giardino di ulivi, che poteva però plausibilmente trovarsi nelle vicinanze. Per questo motivo i francescani ritengono che la Grotta sia il luogo al quale, più di qualunque altro, spetta il nome Getsemani, che è infatti scritto a grandi lettere sopra l'ingresso. L'incertezza riguardo l'esatto significato e la collocazione del Getsemani ha prodotto nel corso dei secoli una certa confusione rispetto ai luoghi della preghiera e dell'arresto di Gesù Cristo all'inizio della Passione. Stando alle testimonianze a nostra disposizione, sembra che i primi pellegrini collocassero i due eventi in due luoghi distinti. Descrivendo le celebrazioni della Pasqua (intorno all'anno 380), Egeria scrive infatti: «Quando incomincia il canto del gallo si discende dall'Imbomon (Ascensione) cantando inni e si giunge a quel medesimo luogo dove il Signore pregò, come è scritto nel Vangelo: "Si allontanò quanto un tiro di pietra e si mise a pregare". In questo luogo la comunità cristiana in processione si ferma quindi a pregare, guidata dal vescovo. Poi – prosegue sempre Egeria – (...) di là, fra gli inni, tutti, fino al bambino più piccolo, a piedi insieme con il vescovo scendono nel Getsemani. (...) Quando si arriva al Getsemani, si fa per prima cosa una preghiera adatta, poi si dice un inno; poi si legge quel passo del Vangelo in cui il Signore viene catturato» (Egeria, *Diario di Viaggio*, 36, 1-3). Le fonti evangeliche attestano che Gesù rivolse la sua preghiera al Padre nel Giardino degli Ulivi, dove la processione descritta da Egeria fa infatti una prima sosta. Una volta ricordata la preghiera di Gesù, la folla continua però la discesa verso il luogo che Egeria chiama esplicitamente Getsemani, e che quindi si trovava più in basso rispetto al Giardino. È in questo luogo più basso che il vescovo ricorda l'arresto di Gesù leggendo il corrispondente brano del Vangelo. La distanza, sempre indicata nel testo evangelico, di "un tiro di pietra" tra il luogo in cui Gesù lasciò gli apostoli e quello in cui si ritirò a pregare in solitudine potrebbe essere plausibile, poiché la Grotta e il Giardino sono in realtà molto vicini tra loro.

Tuttavia, nel XVI sec., il pellegrino Giovanni Zuallardo testimonia l'esistenza di una tradizione molto diversa, secondo la quale sia la preghiera sia l'arresto di Gesù avrebbero avuto luogo nel Giardino degli Ulivi: «Un poco più avanti, nel medesimo giardino, ci è un monticello sassoso con tre cime, discosto, secondo l'Evangelio, dal luogo dell'oratorio sudetto, un buon tiro di pietra, dove il Nostro Signore fece restare i tre Apostoli, San Pietro, San Giacomo e San Giovanni» (*Il devotissimo viaggio di Gerusalemme*). Zuallardo descrive qui le tre Rocce degli Apostoli, che si trovano ora dietro alla Basilica dell'Agonia, collocando quindi il famoso "tiro di pietra" tra queste rocce e gli ulivi del Giardino. Riguardo all'arresto di Gesù dice poi: «(...) Lì era l'entrata del detto giardino d'Oliveto; dove Giuda, con la sua coorte di quei scelerati e tristi, lo venne a trovare; e dove per la virtù della Sua onnipotente parola, dicendo: "Io sono colui che cercate", gli fece cascare tutti in dietro; e ove poi lo presero, legarono, stratiarono e trattarono crudelissimamente».

Interno della
Grotta del Tradimento
tra XIX e XX secolo

pitture e affreschi. La cisterna venne usata come luogo di sepoltura e nel periodo medievale una porta metteva in comunicazione la Grotta con l'adiacente Tomba della Madonna. Nel 1392 i francescani acquistarono il diritto di entrare e uscire liberamente dalla Grotta, che i musulmani erano soliti usare come rifugio per gli animali durante la notte. Nel 1592 il papa Innocenzo III accordò l'indulgenza plenaria sia alla Grotta che al Giardino. Giovanni Zuallardo riferisce che nel 1608 i musulmani disturbavano frequentemente i frati che si recavano qui a pregare, i quali desideravano perciò acquistare l'effettiva proprietà del luogo. Nel 1655, a causa delle inondazioni, fu necessario chiudere l'entrata originaria, risalente al periodo bizantino, e ricavarne una nuova aprendo lo stretto passaggio tra due muri di sostegno, che fu collegato alla Grotta attraverso una piccola volta artificiale. Nel 1682 si giunse infine a un accordo, molto dispendioso, per l'acquisto definitivo della Grotta, anche se per lungo tempo i francescani dovettero difendere la loro nuova proprietà dagli arabi che continuavano a portarvi i propri animali.

La Tomba di Maria

Secondo il *Typicon* georgiano di Gerusalemme (VIII-IX sec.), la prima chiesa sulla tomba della Madonna fu opera dell'imperatore Maurizio (582-602), che impose anche, in tutto l'impero, la festa della Dormizione di Maria il 15 di agosto. Tuttavia, da una omelia di S. Giovanni Damasceno (circa 749 d.C.) abbiamo notizia che al tempo del vescovo Giovenale (450) ai piedi del Monte degli Ulivi, nella valle di Giosafat, sopra il sepolcro tagliato nella roccia ove era stata sepolta la Vergine Maria, vi era già un oratorio. Probabilmente i giudeo-cristiani veneravano il luogo della sepoltura di Maria e la sua assunzione in cielo fin dai primissimi anni del cristianesimo. Nel V sec., quando il santuario passò nelle mani dei cristiani di ceppo gentile, questi, come fecero per la Tomba di Gesù, la isolarono dalla roccia e dalle tombe circostanti. La chiesa dell'imperatore Maurizio conservò il primitivo luogo di culto come cripta, al di sopra della quale costruì il nuovo santuario. Distrut-

Facciata della
Tomba di Maria
tra XIX e XX secolo

to dai persiani, esso fu ricostruito dai crociati, che conservarono il piano della primitiva chiesa e congiunsero quella inferiore con la superiore mediante una scalinata, sulle pareti della quale erano dipinte scene della morte e dei funerali della Madonna. La tomba era rivestita di lastre di marmo e si presentava come un'edicola isolata da tutto il resto, inquadrata da 20 colonnine e coronata da un ciborio dorato. All'interno, nella volta, era dipinta l'Assunzione di Maria e la chiesa ebbe il nome di Nostra Signora di Giosafat. Sul fianco era stata costruita un'abbazia bene-

dettina, importanti resti della quale furono casualmen-
te scoperti nel 1973 e, soprattutto negli anni 1998-2000.
Dopo la vittoria di Saladino (1187) la chiesa superiore e
l'abbazia furono distrutte, e parte del materiale usato per
la ricostruzione delle mura di Gerusalemme. Le truppe di
Saladino, tuttavia, risparmiarono la chiesa inferiore per
devozione alla Madre di Gesù. Il pellegrino Ricoldo di

Tomba di Maria,
pianta e sezione
(Bernardino Amico,
1620)

Monte Croce (1294) vi celebrò la S. Messa e riferisce che gli ortodossi si spartivano l'ambiente e celebravano ognuno sul proprio altare. Il luogo era custodito dai saraceni. Nel 1363, grazie alla mediazione di Giovanna, regina di Napoli e di Sicilia, i francescani ottennero dal sultano d'Egitto il possesso dell'edicola e della tomba, e celebravano messa sul sepolcro stesso della Madonna, trasformato in

L'edicola sulla tomba di Maria disegnata dallo Pseudo Noè Bianco (1518) e l'ingresso alla basilica sotterranea, ai piedi del Monte degli Ulivi, da George Sandys (1615)

altare. La custodia della porta rimase affidata a un musulmano e anche i cristiani orientali (greco-ortodossi, siriani, copti, armeni) avevano il permesso di pregare qui, sebbene i francescani godessero di privilegi e libertà particolari. Il loro possesso del santuario fu tuttavia contestato anche all'interno della Chiesa latina, soprattutto da agostiniani e benedettini, che nel periodo delle crociate avevano amministrato il luogo. L'opposizione maggiore proveniva però dai greco-ortodossi, che nel 1757 fecero scoppiare alcuni disordini nella chiesa e, di fronte al sultano, accusarono i francescani di esserne responsabili. Osman III privò perciò i frati minori di ogni diritto sul luogo santo, che fu affidato agli ortodossi e agli armeni. La Custodia di Terra Santa rivendicò ripetutamente i propri diritti e, finalmente, un decreto sultaniale del 1852 dichiarò che «i frati della corda avevano tutto il diritto di esercitare il culto nella chiesa dell'Assunzione»; nell'anno successivo un altro decreto stabiliva anche l'orario di celebrazione dei vari riti. Greci e armeni si opposero però all'applicazione di queste decisioni sultaniali e riuscirono infine a lasciare ai francescani il permesso di recarsi ufficialmente a venerare la Tomba di Maria soltanto tre volte all'anno, una delle quali nel giorno della festa dell'Assunzione, per una breve preghiera pubblica.

LA VERGINE MARIA NEL CORANO E NELLA VENERAZIONE DEI MUSULMANI

È risaputo con quanto rispetto e ammirazione il Corano parli della Vergine Maria, Madre di Gesù, e quanta venerazione i musulmani dimostrino nei suoi riguardi. Ne abbiamo un esempio proprio alla Tomba della Madonna. Secondo alcuni il califfo Omar sarebbe venuto qui in visita subito dopo aver conquistato Gerusa-

Edicola con la Tomba della Vergine

lemme, nel 636, ed è certo che uno dei suoi successori, il califfo omayyade di Damasco Mu'awiyya, andò al Getsemani a pregare sulla tomba di Maria dopo essere stato incoronato "principe dei credenti" nella città santa. Fino all'arrivo dei soldati cristiani, molti musulmani pregavano frequentemente in questo luogo e l'usanza riprese subito dopo la conclusione della parentesi crociata. Nel XV sec. il giudice supremo di Gerusalemme, Mujir al-Din, scriveva: «Quando la madre [di Gesù] – sulla quale sia la pace – morì, fu sepolta nella chiesa detta del Getsemani, fuori della porta al-Asbat, ai piedi del Monte degli Ulivi. È un luogo celebre e una meta di pellegrinaggi, sia per i musulmani che per i cristiani». Anche Giovanni Zuallardo riferisce che al tempo della sua visita (1586) all'interno della chiesa vi era una parte in cui i cristiani non potevano mettere piede, perché riservata alla preghiera dei musulmani. Questo luogo si trovava a fianco degli altari cristiani, come sappiamo dal disegno del francescano Bernardino Amico (1609). Nel 1656 un altro francescano, lo spagnolo Antonio del Castillo, racconta che i frati celebravano messa sulla Tomba della Madonna due volte al giorno, e aggiunge: «La debbono dire di buon ora perché altrimenti le donne turche, che vengono a fare le loro preghiere, se trovano che il Padre non ha ancora finito la messa cominciano a gridare "Presto! Presto!"». È probabile che i musulmani recitassero nelle loro preghiere le sure del Corano dedicate a Maria, soprattutto la III e la XIX, ma oggi la devozione islamica in questo luogo non esiste più. A quanto pare cessò al momento dell'ingresso delle truppe alleate al comando del generale Allenby nel 1917.

Parlare del Monte degli Ulivi è come parlare di Gerusalemme. Nel bene e nel male la storia della città santa si intreccia con quella del Monte, da millenni luogo di sepoltura e postazione favorevole per i comandanti di vari eserciti conquistatori, che da qui osservavano la città. A separarli corre la valle del Cedron. Tutta l'area, in fondo neppure tanto estesa, è un concentrato di storia ininterrotta a partire dall'epoca del Ferro fino ai nostri giorni. Mentre si percorrono le vie del Monte, fermandosi nei luoghi che hanno ospitato eventi importanti narrati nelle Sacre Scritture, è naturale voltarsi per contemplare la città nella quale ciò che è avvenuto qui ha infine trovato il suo compimento ultimo. «Dal glorioso passaggio, saliti quei gradini, bacerò il Monte degli Ulivi, da dove [Cristo] ascese ai cieli. Dopo aver lodato quanto più posso l'immensa profondità della divina sapienza con cui mi salvò, là presto di nuovo mi affretterò. (…) Per la porta maestosa, giunto sui gradini, possa vedere la bellezza della città santa che si estende ad occidente. Com'è dolce guardare il tuo splendore dal Monte degli Ulivi, città di Dio!» (*Anacr.* XIX, 1-18). È il patriarca di Gerusalemme Sofronio (635) a sintetizzare in quest'inno i sentimenti di tanti pellegrini di ieri e di oggi.

Nell'Antico Testamento il Monte degli Ulivi è il luogo del dolore e del pianto del re Davide di fronte al tradimento del figlio Assalonne (2Sam 15,13-23.30), ed è lo sfondo delle gloriose apparizioni di Dio descritte dai profeti Ezechiele (Ez 11,22-23) e Zaccaria (Zc 14,4). Ma il Monte degli Ulivi è soprattutto, dopo il Calvario, il monte più sacro e più importante della storia della Salvezza: qui Gesù insegna agli apostoli; qui mostra il suo dolore e la sua umanità nella preghiera che rivolge al Padre nel Giardino degli Ulivi, per poi abbracciare la Sua volontà consegnandosi ai soldati; da qui ascende al Cielo dopo la Resurrezione.

Per raggiungere il Monte degli Ulivi occorre ripercorrere gli stessi passi dei pellegrini antichi e moderni che ci hanno preceduto.

Oggi come allora, il pellegrino che arriva sul Monte lascia alle spalle gli angusti e frenetici vicoli di Gerusalemme e si muove in uno spazio più ampio, proiettato verso il cielo. Sul Monte degli Ulivi i sentimenti e i pensieri di Gesù si intuiscono con maggiore chiarezza: l'intimità tra Cristo e gli apostoli durante l'insegnamento del *Pater*, l'emozione nello scorgere le mura di Gerusalemme prima dell'entrata trionfale nella Domenica delle Palme, le lacrime versate per la città santa nel luogo dove ora sorge il santuario del *Dominus Flevit*. E infine, di fronte ai maestosi e antichissimi ulivi racchiusi nel piccolo giardino accanto alla Basilica dell'Agonia, ogni pellegrino si sente avvolgere dalla solitudine di Gesù di fronte alla prova più grande.

Da ogni parte del mondo i cristiani giungono alle pendici del Monte, e a ognuno di essi sono rivolte le parole che papa Benedetto XVI pronunciò nel corso della sua visita nel 2009: «Ci siamo raccolti qui sotto il Monte degli Ulivi, dove nostro Signore pregò e soffrì, dove pianse per amore di questa città e per il desiderio che essa potesse conoscere "la via della pace" (cfr. Lc 19,42), qui donde egli tornò al Padre, donando la sua ultima benedizione terrena ai suoi discepoli e a noi. Accogliamo oggi questa benedizione».

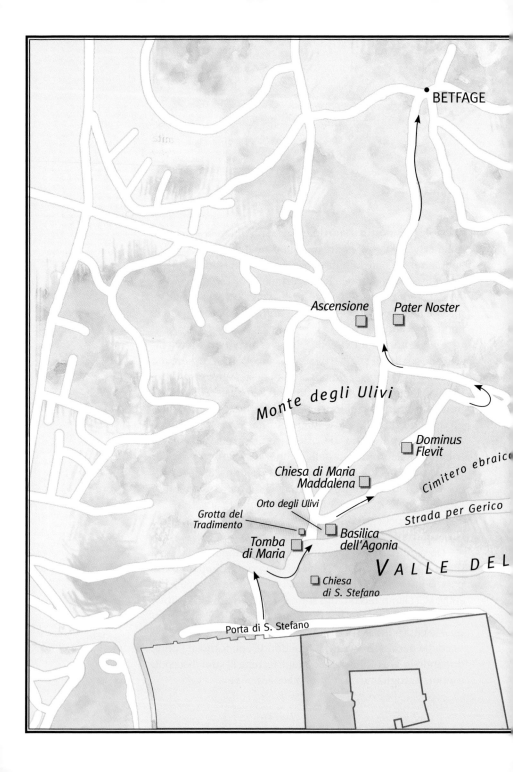

BETFAGE

Ascensione

Pater Noster

Monte degli Ulivi

Dominus
Flevit

*Chiesa di Maria
Maddalena*

Cimitero ebraico

Orto degli Ulivi

*Grotta del
Tradimento*

Strada per Gerico

*Tomba
di Maria*

*Basilica
dell'Agonia*

V A L L E   D E L

*Chiesa
di S. Stefano*

Porta di S. Stefano

Betfage

Pater Noster

Ascensione

Basilica dell'Agonia

Dominus Flevit

Cimitero ebraico

Orto degli Ulivi

CEDRON

La Città Vecchia
di Gerusalemme.
In primo piano,
le cupole del
Santo Sepolcro.
Sullo sfondo, la
Cupola della Roccia
e il Monte degli Ulivi

Arrivo e primo sguardo sul Monte degli Ulivi

Per raggiungere il Monte degli Ulivi dalla Città Vecchia bisogna percorrere a ritroso la via Dolorosa. Poco dopo aver superato il santuario dell'*Ecce Homo* e il convento francescano della Flagellazione, si esce dalle mura attraverso la porta di S. Stefano (o Porta dei Leoni) e si comincia la discesa nella valle del Cedron. Seguendo la strada si passa di fronte al luogo del martirio di santo Stefano, segnalato dalla presenza di una chiesa ortodossa. La chiesa è molto recente (risale al 1968), ma accanto ad essa vi è una cappella sotterranea realizzata in corrispondenza del luogo in cui, secondo una delle tradizioni esistenti, sarebbe avvenuto il martirio del santo. La cappella viene aperta soltanto il 26 dicembre; all'interno ci sono dei gradini piuttosto grandi, intagliati nella roccia, tracce di un'antica strada che da Gerusalemme scendeva nella valle. Ai piedi di una croce ferrea sono ammucchiate alcune pietre, che secondo la tradizione sarebbero quelle utilizzate per la lapidazione. Proseguendo oltre la cappella, si passa sopra il ponte sul Cedron, che rappresenta la linea di demarcazione ufficiale tra il Monte degli Ulivi e Gerusalemme.

Gli antichi pellegrini, tra i quali ricordiamo l'anonimo di Bordeaux (333 d.C.), Egeria (IV sec.) e il monaco Arculfo (VII sec.), erano soliti recarsi sul Monte attraversando uno dei due ponti sul Cedron e ritornare a Gerusalemme passando dall'altro. In questo modo essi compivano la cosiddetta "cerchia", chiamata anche "cerca" poiché durante il percorso si impegnavano nella ricerca dei luoghi santi. Le mappe antiche, tra le quali la più importante è quella di Giovanni Zuallardo (XVI sec.), indicano luoghi segnati con lettere, da A fino a Z, disseminati in tutta la zona. Molti di essi oggi non sono più siti di devozione, ma i santuari sorti in corrispondenza delle principali memorie cristiane sono sempre frequentatissimi.

Seguendo il percorso proposto nella sezione dedicata alla storia, iniziamo la nostra visita dalla cima del Monte, per poi scendere fino alla valle del Cedron.

L'area che comprende il Getsemani e la Tomba di Maria

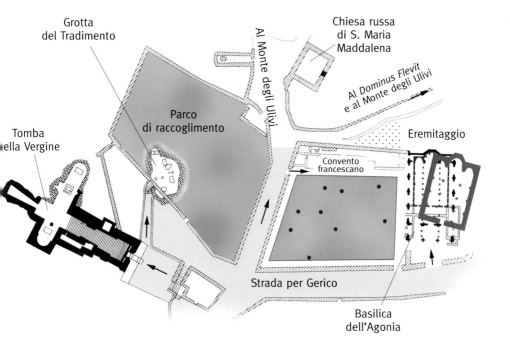

Ascensione

Capitelli crociati

L'Edicola dell'Ascensione, e tutto ciò che si trova all'interno del recinto ottagonale che la circonda, è di proprietà dei musulmani, ma l'accesso ai pellegrini è consentito. All'esterno del recinto, lungo tutto il perimetro del muro, vi sono le proprietà dei cattolici latini, degli ortodossi, degli armeni, e la moschea, alla quale non è possibile accedere. Al centro del recinto si trova la piccola Edicola dell'Ascensione, che in origine era a cielo aperto per meglio simboleggiare l'Ascensione di Cristo. Intorno al XIII secolo fu invece costruita l'attuale cupola.

All'interno dell'edificio, sul terreno, vi è la pietra che reca l'impronta del piede di Gesù, l'ultima impronta lasciata sulla terra prima di ascendere al cielo. Lo storico romano Sulpicio Severo (IV-V sec.) parla della presenza di questa impronta sulla cima del Monte degli Ulivi, così come il pellegrino Arculfo (VII sec.), che riferisce addirittura di una traccia lasciata nella polvere. Sant'Ignazio di Loyola, pellegrino in Terra Santa nel 1533, era particolarmente legato a questo luogo, al punto che durante il suo pellegrinaggio abbandonò i compagni di viaggio per ritornare da solo a contemplare l'impronta del piede di Gesù Cristo.

Oltre alla pietra con l'orma di Gesù, venerata sia dai cristiani che dai musulmani, all'interno dell'edicola non c'è molto altro. Su un lato si può notare il *mihrab*, che nelle moschee indica la direzione della Mecca, verso la quale i musulmani rivolgono la loro preghiera. In realtà, poiché il luogo è frequentato anche da fedeli di altre religioni, i musulmani non lo usano per pregare, preferendo recarsi nella moschea adiacente. Uscendo si può ammirare l'esterno dell'edicola, che dalla cornice in giù è un bellissimo esempio di stile crociato. I pilastri che sorreggono gli archi laterali, in origine aperti, sono sormontati da splendidi capitelli, dai soggetti molto fantasiosi. Si tratta in realtà di coppie di capitelli, ma le raffigurazioni gemelle non sono state volutamente poste alle estremità dello stesso arco, scelta che si riscontra abbastanza frequentemente nelle costruzioni crociate. Dell'edificio che si trovava in questo

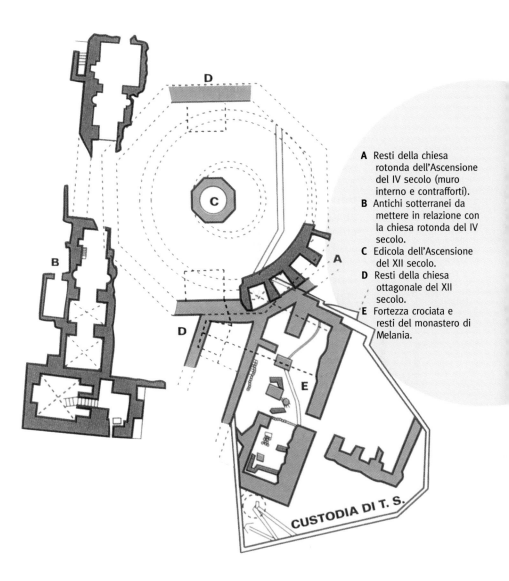

A Resti della chiesa rotonda dell'Ascensione del IV secolo (muro interno e contrafforti).
B Antichi sotterranei da mettere in relazione con la chiesa rotonda del IV secolo.
C Edicola dell'Ascensione del XII secolo.
D Resti della chiesa ottagonale del XII secolo.
E Fortezza crociata e resti del monastero di Melania.

Resti degli edifici della chiesa rotonda dell'Ascensione (IV sec.)
Resti degli edifici della chiesa ottagonale dell'Ascensione (XII sec.)
Probabile tracciato degli edifici
Sotterranei

sito sono ancora visibili i resti, tra i quali alcune colonne addossate al recinto e, sul terreno, le basi dei pilastri. È possibile che i pilastri posti su queste basi sorreggessero degli archi, che poggiavano l'estremità opposta sul recinto, costituendo quindi un porticato che lasciava il centro con l'edicola scoperto. La chiesa crociata fu costruita sui resti di un precedente edificio bizantino, le cui rovine si trovano sotto il livello del terreno e sono state parzialmente portate alla luce dagli scavi compiuti da padre Virgilio Corbo ofm nella parte latina al di là del recinto. La costruzione bizantina dovrebbe essere quella cui la pellegrina Egeria (IV sec.) si riferisce con il nome di *Imbomon*. Il ricordo dell'Ascensione di Cristo fu celebrato qui solo in un secondo momento, poiché in origine veniva venerato nella basilica costantiniana dell'*Eleona*, che si trovava poco lontano.

Le celebrazioni per l'Ascensione hanno luogo nel quarantesimo giorno successivo alla Pasqua. In questa oc-

LA GROTTA DI PELAGIA

A pochi metri dal sito dell'Ascensione, si trova l'ingresso della grotta di S. Pelagia, una meretrice di Antiochia che si convertì e venne a Gerusalemme, dove visse e morì in una grotta sul Monte degli Ulivi. La particolarità della grotta è che essa è ritenuta il sepolcro di una figura femminile considerata santa anche dagli ebrei e dai musulmani, che detengono la proprietà del luogo. Per gli ebrei questo sarebbe infatti il sepolcro della profetessa Hulda (2Re 22,14; 2Cr 34,22), mentre i musulmani venerano qui le spoglie della mistica e poetessa di origine irachena dell'VIII sec. Râbi'a al-'Adawiyya.

casione i cristiani comprano per un giorno la chiave del luogo dai musulmani, acquisendone a tutti gli effetti la proprietà per il periodo che va dal mezzogiorno della vigilia al mezzogiorno del giorno dell'Ascensione. La chiave non è di proprietà dell'autorità religiosa musulmana, ma della comunità araba locale, e va quindi richiesta al *mukhtar*, la massima autorità del villaggio che circonda il sito. Tradizionalmente, come forma di pagamento si offriva un *mansaf* (banchetto) a tutto il villaggio, ma ora è sufficiente consegnare la somma di denaro pattuita al *mukhtar*, che decide autonomamente come impiegarla. Le celebrazioni di rito latino sono tenute dai francescani, i quali piazzano due tende ai lati dell'edicola per fare da sagrestia e proteggersi dal caldo, posizionano un altare portatile all'ingresso dell'edicola e dicono messa per tutta la notte. Anche le chiese cristiane orientali celebrano qui l'Ascensione. Ortodossi, siriani, copti e armeni non si ser-

L'interno dell'Edicola dell'Ascensione. Si nota il luogo in cui, secondo la tradizione, sarebbe rimasta impressa l'orma di Gesù

vono di altari portatili come i francescani: ogni comunità possiede il suo altare in pietra, visibile sulla parete di fondo del recinto e posto in corrispondenza delle rispettive proprietà situate all'esterno del muro. Anche gli orientali usano delle tende, ma le appendono alle pareti del recinto, dove sono infatti visibili i chiodi adibiti a questo scopo. Può capitare che il giorno dell'Ascensione coincida per tutte le chiese cristiane, e allora nello spazio intorno all'edicola, gremito di tende e di fedeli, avvengono in contemporanea più celebrazioni.

Appena usciti dal recinto ci si può fermare un momento per ammirare il panorama dalla cima del Monte. Guardando leggermente verso destra, nelle giornate di bel tempo si scorge la tomba di Samuele, posta su un monte detto Monte della Gioia, poiché da lì i pellegrini posavano per la prima volta gli occhi su Gerusalemme e distinguevano chiaramente il Monte degli Ulivi. Sulla sinistra invece il panorama si estende in direzione di Betlemme e dell'Herodion: san Girolamo affermava che dalle vicinanze di Betlemme si riuscisse a scorgere la croce che un tempo si trovava sul luogo dell'Ascensione.

SANT'IGNAZIO DI LOYOLA E IL LUOGO DELL'ASCENSIONE

«Mentre tornava al suo alloggio, lo prese un vivo desiderio di visitare il monte Oliveto ancora una volta prima di partire, dal momento che non era volontà del Signore che rimanesse in quei santi luoghi. Sull'Oliveto c'è una pietra dalla quale nostro Signore si distaccò per salire al cielo, e si vedono ancora le impronte dei suoi piedi: queste egli voleva tornare a vedere. Così, senza parlarne con nessuno e senza prendere alcuna guida (se uno non si fa accompagnare da una guida turca corre serio pericolo) si sottrasse agli altri e se ne andò tutto solo al monte Oliveto. Poiché i custodi non volevano lasciarlo entrare, regalò loro un tagliacarte che aveva con sé: e dopo aver pregato con intensa consolazione, gli venne desiderio di andare anche a Betfage. Là si ricordò che sul monte Oliveto non aveva osservato bene l'esatta posizione del piede destro e del piede sinistro; tornò lassù e – a quanto ricorda – diede ai custodi le sue forbici perché lo lasciassero entrare» (Ignazio di Loyola, *Racconto di un pellegrino*, n. 47).

Pater Noster

asciando l'Edicola dell'Ascensione alle spalle e proseguendo verso sinistra, si giunge fino al giardino del
monastero carmelitano del *Pater Noster*. Nel vangelo di
Luca (11,1ss.) si legge: «Un giorno Gesù si trovava in un
luogo a pregare e quando ebbe finito uno dei discepoli gli
disse: "Signore, insegnaci a pregare" (...)». Acconsenten-
do alla richiesta, Gesù insegnò agli apostoli il *Padre Nostro*.
Quel *luogo*, visto che Gesù era diretto a Gerusalemme, doveva trovarsi tra Betfage e la città santa. Si suppone che
qui sorgesse la basilica costantiniana dell'*Eleona* ("Oliveto"), il primo edificio sacro costruito sul Monte degli Ulivi.
Data la scarsità dei resti l'ipotesi non può essere confer-

Il monastero
delle Carmelitane

Tracce della chiesa
(mai terminata)
che avrebbe dovuto
riprendere la struttura
dell'*Eleona*

mata, ma il sito è comunque attestato come santuario del
Pater, perché qui Gesù avrebbe insegnato il *Padre Nostro*
agli apostoli. In realtà in questo sito si intrecciano diverse
tradizioni: una delle più importanti, sebbene sia poco fon-
data e oggi quasi del tutto dimenticata, è quella che colloca qui la composizione del *Credo* da parte degli apostoli. All'estremità destra del giardino, infatti, a ridosso del
muro esterno oltre il quale si intravede il convento delle
benedettine, è situata la cappella del Credo. La cappella è
sotterranea e non più accessibile. Per farsi un'idea della
sua ampiezza si possono usare come riferimento la porta
di ingresso e i due lucernari che sporgono dal terreno e
ne delimitano grosso modo il perimetro. Sebbene la devozione per questo luogo sia ormai scomparsa e la tradizione che pone qui la composizione del *Credo* sia piuttosto
discutibile, la cripta è fondamentale per comprendere la
struttura dell'intero sito. Secondo alcune ipotesi archeologiche, essa era infatti posta davanti all'ingresso della
basilica dell'*Eleona* e su di essa poggiavano i propilei della
chiesa. La grande basilica di Costantino doveva quindi
trovarsi dove oggi si estende il giardino. Attraversando-
lo in direzione dell'attuale chiesa del *Pater* si incontrano
infatti alcuni resti che appartengono sicuramente a un
edificio antico, sebbene non sia possibile stabilire con cer-

La cappella del Credo
fotografata agli inizi
del XX secolo

tezza se si trattasse proprio dell'*Eleona*. Vi sono anche resti molto più recenti, che appartengono alla mai completata basilica francese del Sacro Cuore, il cui progetto risale alla prima metà del XX secolo. Le colonne e i capitelli adagiati per terra sul lato sinistro del giardino sono invece antichi, così come il mosaico sul pavimento poco più avanti. Si tratta di un mosaico di ottima fattura, realizzato con tessere molto piccole, e potrebbe risalire all'epoca costantiniana. La sua posizione però sembra collocarlo all'interno del presunto perimetro della basilica antica, anche se le dimensioni del frammento sono troppo ridotte per permettere affermazioni certe. Al centro del giardino, sotto quella che doveva essere la scalinata principale della nuova basilica francese, si trova la Grotta del *Pater Noster*, il luogo dove Gesù avrebbe insegnato la preghiera agli apostoli.

La Grotta
del *Pater Noster*

L'apertura più ampia, che consente l'entrata, è di epoca bizantina, mentre l'altra, decisamente più stretta e preceduta da gradini disposti in semicerchio, a somiglianza di quelli di Betlemme, risale al periodo crociato. Non è rimasto molto della grotta originale, anche perché parte dei ritrovamenti più recenti è andata perduta durante la Prima

PADRE NOSTRO

I visitatori in genere non si accorgono, presi come sono dalla curiosità di passare in rassegna i testi nelle varie lingue disposti sulle pareti, ma la versione del *Padre Nostro* che la maggior parte dei pellegrini può leggere nella propria lingua nei corridoi del chiostro è quella dell'evangelista Matteo, e non quella di Luca, sebbene la tradizione del luogo sia legata proprio a quest'ultimo. Qualcuno potrebbe chiedersi in quale lingua Gesù insegnò a pregare ai suoi discepoli. Visto che Gesù parlava la lingua corrente del tempo, l'aramaico, alle orecchie dei discepoli il *Pater* dovette suonare più o meno così:

Abhùna di bishmayyà (Padre nostro che sei nei cieli),
yithqaddàsh shemàkh (sia santificato il tuo nome);
tethè malkhuthàkh (venga il tuo regno);
tithabhèdh reuthàkh (sia fatta la tua volontà),
kedhì bishmayyà ken bearà (come in cielo così in terra).
Lakhmàna habh làna sekhòm yom beyomà (Dacci oggi il nostro pane quotidiano),
ushebhùq làna khobhàyna (e rimetti a noi i nostri debiti)
kedhì aph anàkhna shebhàqna lekhayyabhàyna
(come noi li rimettiamo ai nostri debitori),
weàl taalìna lenisyòn (e non ci indurre in tentazione),
ellà petsèna min beishà (ma liberaci dal male),
amèn

Trascrizione semplificata e accentata del prof. Massimo Pazzini (*Studium Biblicum Franciscanum*)

Ingresso alla Grotta
del *Pater Noster*

Guerra Mondiale; si possono però notare alcune sezioni delle pareti che presentano dei buchi, a indicare la presenza di un precedente rivestimento di marmo. Guardando a destra rispetto all'ingresso si nota inoltre parte della roccia che doveva costituire la volta, anch'essa ricoperta di marmi, e parte di una scala che sovrastava la grotta, segno che sopra di essa si trovava un edificio. Sempre sul lato destro si intravedono alcune sepolture, che potrebbero essere le tombe dei patriarchi di Gerusalemme Giovenale (V sec.) e Modesto (VII sec.), sebbene non ve ne sia prova. Uscendo dalla cavità dal lato opposto all'entrata e procedendo in avanti di qualche metro, si può notare sulla destra un altro resto antico: una vasca di forma quadrata circondata da un mosaico, probabilmente un antico fonte battesimale. Proseguendo oltre ci si addentra in un parco con diversi ulivi, ampio e molto curato, in cui è possibile passeggiare e raccogliersi in preghiera o in meditazione. All'estremità opposta rispetto alla cripta del Credo si trova invece il moderno santuario del *Pater Noster*. Sulle pareti si può leggere la preghiera in più di 150 lingue diverse, scritta su quadri composti da piastrelle in maiolica. I quadri più antichi, tra cui quello con il testo in italiano, risalgono alla fine del XIX secolo, ma tutti vengono periodicamente restaurati o sostituiti. L'origine di questa tradizione, evidentemente legata alla presenza della Grotta, fa capo al ritrovamento di una lastra antica con l'iscrizione del *Padre Nostro* in lingua latina, motivo per il quale sotto l'altare della cappella è stata posta una lastra che riporta la preghiera in latino.

Dominus Flevit

Esterno del
Dominus Flevit

Usciti dal santuario del *Pater Noster* si prosegue sulla sinistra, oltrepassando il convento delle benedettine che si trova sul lato opposto della strada. Dopo pochi metri, sul lato destro, si incontra una scalinata: una volta arrivati in fondo, è sufficiente seguire la strada, che procede in discesa, per arrivare al santuario del *Dominus Flevit*. Questo luogo ricorda il pianto del Signore di fronte a Gerusalemme e al pensiero del destino tragico che attendeva la città. L'episodio ha luogo poco prima della Domenica delle Palme. Oltre che per il ricordo biblico, il sito del *Dominus Flevit* è interessante anche dal punto di vista archeologico. Nell'area sono state trovate numerose sepolture, alcune delle quali sono visibili appena varcato l'ingresso, prima di giungere alla chiesa. Due delle tombe ritrovate sono dell'epoca del Bronzo Medio (1800-1300 a.C.) e sono le uniche a Gerusalemme risalenti al periodo precedente all'arrivo degli ebrei, quando la città era ancora abitata dall'antica popolazione dei gebusei. Ancora più interessanti sono i resti della necropoli romana, in particolare la tomba di Shelom Zion e la "tomba del monogramma", a destra dell'ingresso dell'attuale santuario. Nella prima fu trovato un ossuario che recava il nome femminile Shelom Zion. Fra le due parole vi era un croce obliqua, che potrebbe essere identificata come un simbolo cristiano o come la lettera ebraica *Tau*, simbolo molto usato presso gli ebrei. Poiché la tomba potrebbe risalire al periodo immediatamente successivo alla prima rivolta giudaica (I sec. d.C.), interpretare il simbolo come una croce vorrebbe dire identificare questo luogo come una delle primissime sepolture cristiane. Anche la tomba successiva offre lo stesso tipo di interrogativi: è detta "tomba del monogramma" poiché su un ossuario era presente il monogramma *chi ro*, che generalmente indica Cristo, confermando l'ipotesi per cui il sito del *Dominus Flevit* sarebbe

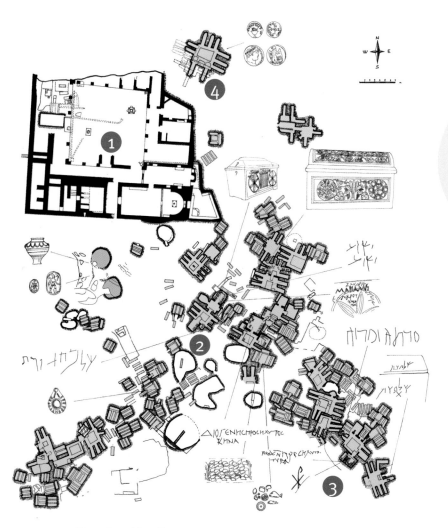

1. Monastero bizantino.
2. Ampio settore della necropoli di Gerusalemme.
3. Sepolcreto in cui fu trovato un ossuario con monogramma "costantiniano".
4. Tomba in cui furono trovate 16 monete d'argento
(tra cui alcuni shekel della prima rivolta giudaica, 66-70 d.C.).

Necropoli gebusea (XVI-XIII sec. a.C.)
Necropoli erodiana (I sec. a.C - II sec. d.C.)
Necropoli bizantina (IV-VI sec. d.C.)

Interno del santuario   stato un luogo di sepoltura giudeo-cristiano. Procedendo
oltre si vede l'ingresso a una tomba detta "tomba degli
orecchini". Qui sono stati trovati due pendagli a forma di
pesce in legno di ebano, intatti.

Andando verso il convento si incontra anche la tomba
dove fu trovato il cosiddetto "tesoro del *Dominus Flevit*",
in cui fu rinvenuta una moneta d'argento del IV anno della rivolta giudaica, rarissimo esempio del suo genere (ce
n'è forse una dozzina in tutto il mondo).

Superato il sito archeologico con le tombe, si giunge
al santuario vero e proprio. Nel 1956 l'architetto Antonio
Barluzzi costruì l'edificio attuale sui resti della chiesetta
di un antico monastero bizantino. All'interno del nuovo
santuario sono ben visibili l'antica abside e il pavimento
del presbiterio, ricoperto per circa due terzi dal mosaico
originale. Molto interessante, sempre sul pavimento, è la
pietra rettangolare sulla quale era posto l'altare, caratte-

rizzata dal disegno di una croce e dai quattro incassi per le colonnine che reggevano la mensa. Presso il gradino del presbiterio è da notare un'iscrizione musiva greca di cui restano pochi frammenti: «...di questo santo monastero innalzò dalle fondamenta». Potrebbe trattarsi della dedica a un benefattore che contribuì alla costruzione dell'edificio. Nonostante i numerosi ritrovamenti, si sa molto poco sulle origini e sulla comunità religiosa del monastero, ma l'antica chiesetta su cui ora sorge il *Dominus Flevit* era senza dubbio una chiesa monastica, con una sala unica sufficiente per poche persone e orientata verso est. Oggi l'orientazione è stata capovolta verso Gerusalemme e il panorama della città santa appare ai visitatori incorniciato dalla splendida "vetrata con il calice" posta da Barluzzi alle spalle dell'altare. Nell'intenzione dell'ideatore, il simbolo del calice sormontato dall'ostia doveva evocare il memoriale celebrato quotidianamente sull'altare e non solo permettere alla luce di entrare a

Pavimento
dell'oratorio

illuminare la chiesa. Nella parte frontale dell'altare è presente un mosaico che rappresenta una gallina con i suoi pulcini, in riferimento alle parole di Gesù: «Gerusalemme, Gerusalemme… quante volte ho voluto raccogliere i tuoi figli, come una gallina raccoglie i suoi pulcini sotto le ali, e voi non avete voluto» (Mt 23,37). Degni di nota sono anche i quattro bassorilievi in stucco sopra le arcate dei quattro bracci. A nord e a sud due gruppi dello scultore Antonio Minghetti, rispettivamente gli apostoli e le pie donne spettatori del pianto di Gesù. I bassorilievi a est e a ovest, opera di Duilio Cambellotti, rappresentano invece due soldati romani che danno

Pavimento del santuario: pietra in corrispondenza dell'antico altare e iscrizione musiva

fuoco al Tempio di Gerusalemme e Gesù, su un asinello, che piange sulla città circondato dalla folla.

Basilica
dell'Agonia

Esterno della basilica,
lato settentrionale

La Colonna
del bacio di Giuda

La Basilica dell'Agonia e il Giardino degli Ulivi

Riprendendo la discesa del Monte, dopo il *Dominus Flevit* si percorre un tratto di strada piuttosto ripido; sul lato sinistro si può osservare il vasto cimitero ebraico, ancora in uso. La strada costeggia infine la parte posteriore della Basilica dell'Agonia, o Chiesa delle Nazioni. Qui si trova anche l'ingresso del Romitaggio del Getsemani, mentre poco oltre si nota una nicchia che custodisce il frammento di una colonna. Si tratta della Colonna del bacio di Giuda: una volta la colonna si trovava all'interno dell'antica Basilica dell'Agonia e ad essa era legata un'indulgenza plenaria, che la rendeva di grande importanza per i pellegrini. Al momento della costruzione della nuova chiesa da parte di Antonio Barluzzi si ritenne che l'indulgenza e la sacralità legate alla colonna fossero trasferite automaticamente nel nuovo edificio, ma l'antica devozione verso la Colonna del bacio impose di dedicarle la nicchia dove è attualmente posta. I greco-ortodossi chiamano questa colonna la Colonna del *Pater Hemon*, cioè del *Padre Nostro*, poiché ritengono che questo luogo sia il sito dove Gesù ha insegnato il *Pater*. Oltre la cancellata, poco più avanti, sono visibili alcune rocce bianche chiamate Rocce degli apostoli, sulle quali Pietro, Giacomo e Giovanni attesero Gesù mentre pregava nel Giardino degli Ulivi. Sul lato opposto si trova l'ingresso del convento di Santa Maria Maddalena, fatto costruire dallo zar Alessandro III (1881-1894) per la madre. Qui è sepolta la granduchessa Elisabetta Fedorovna, sorella dell'ultima zarina di Russia e martire della Chiesa ortodossa.

Svoltando a sinistra alla fine della strada si raggiunge l'ingresso del Giardino degli Ulivi. Il giardino è stato recintato solo nel XIX secolo e racchiude 14 ulivi, di cui 8 secolari. I pellegrini più antichi, tra cui Egeria, collocano in questo luogo la preghiera di Gesù, ma non il bacio di Giuda, che sarebbe invece avvenuto nella Grotta del Getsemani, o Grotta del Tradimento. Successivamente, sia la preghiera che il tradimento furono collocati nel giardino,

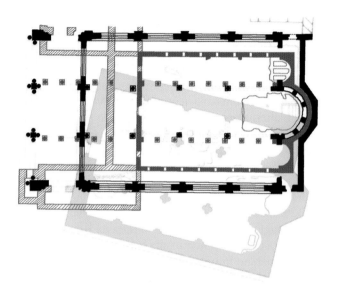

Resti archeologici
nell'area della Basilica
dell'Agonia

■ Basilica attuale
(arch. Barluzzi, 1924)
░ Chiesa crociata
(1170 circa)
■ Chiesa bizantina
(IV sec.)

ma i francescani, che possiedono il sito, si attengono alla
versione più antica. È comunque certo che fin dall'età bizantina in questo luogo vi sia stata una basilica, chiamata
Basilica dell'Agonia o Basilica dell'Orazione.

L'attuale chiesa risale all'inizio degli anni Venti; il progetto fu commissionato ad Antonio Barluzzi dalla Custodia di Terra Santa. La costruzione fu finanziata da diversi
paesi, per questo l'edificio è noto anche come Chiesa delle
Nazioni. Quando Barluzzi cominciò i lavori, nel 1919, era
sua intenzione costruire il nuovo edificio sui resti, ancora
visibili, della chiesa crociata preesistente. Gli scavi per le
fondamenta rivelarono però l'esistenza di una basilica ancora più antica, di epoca bizantina. Barluzzi decise allora di
modificare il progetto e costruire la nuova chiesa seguendo
la pianta di quella bizantina, il cui asse era leggermente
spostato rispetto a quella crociata. Le decorazioni del pavimento richiamano infatti la struttura bizantina: le porzioni
di pavimento con un motivo a zigzag corrispondono alle

Mosaico absidale
che raffigura
il bacio di Giuda

zone in cui era presente dell'acqua, ovvero la cisterna e i canali di scorrimento; le parti in pietra grigia evidenziano le mura della basilica bizantina, leggermente più piccola; i tondi rossi corrispondono alle colonne bizantine; i mosaici infine riproducono fedelmente quelli originali, dei quali è possibile vedere i pochi frammenti ritrovati, posti a un livello leggermente più basso e protetti da un vetro. Barluzzi affidò la realizzazione dei nuovi mosaici allo Studio Monticelli di Roma: i tre mosaici absidali raffigurano il bacio di Giuda, l'agonia di Gesù e l'*Ego Sum* (cfr. Gv 18,5), mentre nelle cupole sono riportati gli stemmi dei paesi che prestarono un contributo finanziario al progetto. Il grande mosaico della facciata, disegnato da Giulio Bargellini, rappresenta Gesù mediatore tra Dio e gli uomini: alla sua destra vi sono i saggi e i potenti che hanno tuttavia riconosciuto la superiorità di Cristo, mentre alla sua sinistra i deboli e i miseri che sperano in una sua intercessione. A commento della scena è stato posto, sotto il mosaico, un passo tratto dalla Lettera agli Ebrei (5,7): «Egli offrì preghiere e suppliche, con forti grida e lacrime a Dio che poteva salvarlo da morte e, per il suo pieno abbandono a lui, venne esaudito». Sul vertice del timpano furono posti, insieme alla croce, due cervi di bronzo, opera di Duilio Cambellotti. Le statue attualmente visibili sono tuttavia delle copie, poiché gli originali sono stati trafugati.

All'interno, davanti all'altare, vi è la roccia dell'agonia, sulla quale Gesù si sarebbe inginocchiato a pregare. Essa è circondata da una corona di spine in ferro, decorata da qualche ramo d'ulivo e da alcuni uccelli protesi verso un calice. La devozione verso le rocce è molto viva soprattutto nelle Chiese orientali, in particolare tra gli ortodossi russi. I pellegrini russi in genere si fermano anche presso una pietra che si trova all'esterno della chiesa, sul lato sinistro. Tradizionalmente, infatti, si contano tre diverse rocce sacre (poste in linea orizzontale) sulle quali Gesù avrebbe pregato dopo essere andato per due volte a svegliare gli apostoli. La terza roccia si trova sul lato meridionale e in origine doveva essere la roccia centrale della basilica crociata. Quando Barluzzi decise di spostare l'asse dell'edificio in costruzione per seguire la pianta della chiesa bizantina, questa roccia si trovò a essere in corrispondenza delle fondamenta della nuova costruzione. L'architetto fece posare il muro assecondando la forma della pietra, in modo che essa rimanesse visibile almeno dall'interno dell'edificio. Oggi nessuno considera questa roccia ma con tutta probabilità era il vero centro della devozione antica. Sul lato esterno destro della chiesa si può vedere ciò che resta della basilica crociata.

Banco roccioso
all'esterno
dell'attuale basilica

La Grotta del Getsemani

Alle pendici del Monte degli Ulivi, nello stesso cortile che ospita la Tomba di Maria, vi è la Grotta del Getsemani. La Grotta non è immediatamente visibile, anche perché il cortile è qualche metro più in basso rispetto al livello della strada, ma una volta scesi ci si arriva facilmente, percorrendo un piccolo pertugio che si apre alla destra dell'ingresso della Tomba della Vergine. La Grotta del Getsemani è una cavità naturale, che l'opera dell'uomo ha soltanto ingrandito. Le fonti più antiche, tra cui i resoconti di Egeria e del pellegrino di Bordeaux (IV sec.), collocano qui l'episodio del bacio di Giuda, motivo per il quale la grotta è nota anche come Grotta del Tradimento. Qui avrebbe quindi avuto luogo l'arresto di Gesù. Una tradizione successiva, seguita ad esempio dal pellegrino Giovanni Zuallardo (XVI sec.), collocava invece il bacio di Giuda nel Giardino degli Ulivi e identificava la grotta come il luogo in cui gli apostoli avevano atteso Gesù. I francescani, che detengono la proprietà della grotta dal 1390, seguono la tradizione più antica e ritengono quindi che a questo luogo spetti il nome di Getsemani nella sua accezione più propria ("frantoio"). Nei vangeli si fa infatti riferimento a un luogo riparato, situato sul

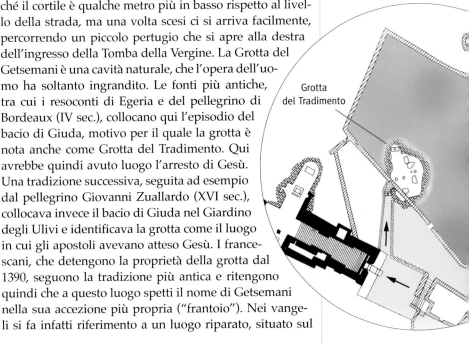

Grotta
del Tradimento

SACRA CINTOLA

Scendendo dal *Dominus Flevit*, alla fine della strada si può deviare per un momento dal percorso che porta al Giardino degli Ulivi e svoltare invece a destra, percorrendo pochi passi in salita. Sul lato destro, a ridosso del muro, si nota una roccia dalla superficie molto liscia e con diversi fori, evidenti segni di devozione. È la roccia della Sacra Cintola, che deve la sua fama a un episodio degli apocrifi, secondo il quale in questo luogo Maria donò la sua cintura a san Tommaso. La devozione verso questa roccia, una volta molto intensa, si perse intorno al XIX secolo. La reliquia della Sacra Cintola è invece conservata e venerata nel Duomo di Prato.

ULIVI

Nel 2009 la Custodia di Terra Santa ha favorito la realizzazione di una ricerca scientifica sulle otto piante più antiche del Giardino. La ricerca è durata tre anni ed è stata condotta da un *team* del Consiglio nazionale delle ricerche (Cnr). I risultati hanno rivelato che il fusto di tre degli otto ulivi (gli unici per i quali è stato tecnicamente possibile eseguire lo studio) risale alla metà del XII sec. Alle piante è stata perciò riconosciuta un'età minima di circa 900 anni, ma la stessa ricerca ha dimostrato che la parte ipogea, ovvero quella costituita dalle radici, è di certo più antica. I ricercatori hanno inoltre riscontrato negli ulivi esaminati un identico profilo genetico, il che significa che essi sono tutti "figli" di uno stesso esemplare.

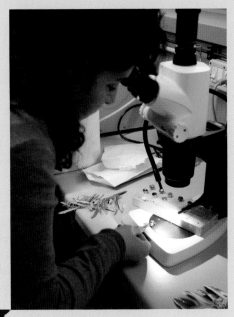

ROMITAGGIO

Il Romitaggio del Getsemani, nato nel 1978 ad opera di padre Giorgio Colombini, è un luogo di preghiera situato nei pressi del Giardino degli Ulivi che offre la possibilità di pregare in solitudine, sull'esempio di Gesù, in uno dei nove eremi disponibili. Il Romitaggio non è né una meta turistica, né un alloggio per visitare la Terra Santa, ma un luogo destinato esclusivamente al silenzio e alla preghiera.

Tel. 00972 (0)2 6266430
E-mail: romitaggio@custodia.org
www.romitaggio.custodia.org

Monte degli Ulivi, dove Gesù era solito riunirsi con gli apostoli per impartire loro i suoi insegnamenti e consumare insieme i pasti. Questo posto era perciò ben noto a Giuda, che vi avrebbe quindi condotto le guardie incaricate dai sommi sacerdoti di arrestare Gesù. La grotta in effetti, pur presentando evidenti segni di una devozione religiosa molto antica, ai tempi di Cristo era sicuramente adibita a qualche uso agricolo e potrebbe perciò essere stata la sede del frantoio per le olive espressamente indicato dal nome Getsemani (dall'aramaico *gat šᵉmãnê*, che significa "pressoio per olio").

Appena entrati si resta subito colpiti dal soffitto, che conserva le irregolarità naturali della roccia ed è decorato con pitture crociate che riproducono una volta stellata. Sulla parete a fianco dell'altare vi è la scritta in latino *Hic rex sanctus sudavit sanguinem*, in riferimento all'agonia di Gesù, mentre sul soffitto centrale vi sono i resti di un affresco che rappresentava una scena di intercessione, o *deesis*: sono infatti riconoscibili il monogramma di Cristo, con l'Alfa e l'Omega, e una figura femminile, probabilmente la Vergine Maria. Sulla destra vi è un altro frammento di affresco, scoperto durante un restauro nel 2000, che probabilmente mostrava Gesù conversare con un angelo, riconoscibile dalle ali. Arretrando verso il fondo della grotta si possono notare sul soffitto diversi strati di intonaco, attraverso i quali si intravedono i graffiti lasciati dai pellegrini e lacerti di decorazioni. La grotta è stata un luogo di grande devozione popolare; alcune cronache raccontano che i pellegrini bizantini erano soliti consumare qui un pasto, privo di carne, in memoria di Gesù e degli apostoli. La grotta fu usata anche come luogo di sepoltura: sotto la superficie vi sono infatti circa 70 tombe. Sono inoltre visibili sul pavimento le tracce di un mosaico che riporta l'iscrizione in greco "Signore dona il riposo". È tuttavia certo che la grotta sia diventata un luogo di sepoltura soltanto in un secondo momento: alcune tombe occupano infatti lo spazio che precedentemente ospitava una cisterna, la cui presenza, risalente all'epoca di Gesù, conferma l'originario uso agricolo del luogo.

Tomba
di Maria

La Tomba di Maria

Questo santuario è immediatamente adiacente alla Grotta del Getsemani e tra i due è certamente l'edificio principale del cortile. Qui, secondo la tradizione più antica, fu deposto il corpo della Vergine Maria e da qui la Madre di Cristo fu assunta in cielo, motivo per il quale l'edificio è noto anche con il nome di Chiesa dell'Assunzione. Il luogo in origine era di proprietà dei francescani della Custodia di Terra Santa, ma nel 1757 passò sotto il controllo dei greco-ortodossi e degli armeni, che lo mantengono ancora oggi amministrando la chiesa a giorni

Ricostruzione dell'edicola sulla Tomba della Madonna (A. Prodomo, 1972)

alterni. In uno degli angoli dell'ampio cortile di fronte all'ingresso si nota una grande apertura, accostandosi alla quale si può sentire scorrere il Cedron. Si tratta di un canale di scolo costruito per eliminare l'acqua che si raccoglie qui durante la stagione piovosa. La pioggia scorre infatti lungo le pendici del Monte fino a trasformare il cortile in una sorta di piscina naturale, in cui l'acqua raggiunge livelli piuttosto alti (qualche segno è ancora visibile sul muro), penetrando anche all'interno dell'edificio.

La Tomba di Maria era in origine la cripta di una chiesa antica andata distrutta. Alcuni resti di questo precedente edificio sono conservati al Museo di Israele. Una volta varcato l'ingresso, provvisto di un rialzo per arginare l'acqua in caso di allagamento, si percorre in discesa una lunga scalinata. I pellegrini antichi erano soliti annotare nei loro resoconti di viaggio il numero esatto dei gradini presenti nei luoghi santi, ma nel caso della Tomba di Maria i numeri riportati sono curiosamente discordanti e oscillano tra i 45 e i 47. La parte superiore della cripta è di epoca crociata, come si nota dal taglio diagonale delle pietre e dalla presenza dei marchi degli scalpellini su molte di esse, mentre la parte inferiore è scavata nella roccia ed è più antica. Scendendo la scalinata si può notare la successione delle due costruzioni guardando gli archi in alto: i primi che si incontrano sono infatti a sesto acuto, secondo lo stile crociato, mentre quelli situati più in basso sono rotondi e appartenevano alla chiesa più antica. A metà della discesa vi sono due piccole cappelle laterali, poste una di fronte all'altra. Quella di destra è dedicata ai genitori della Vergine Maria, Gioacchino e Anna, ma in origine custodiva la tomba della regina Melisenda, che regnò a Gerusalemme in epoca crociata. Anche la cappella posta sull'altro lato era la tomba di una regina crociata, ma ora è dedicata a S. Giuseppe. Le pitture sulle pareti raffigurano l'e-

Scalone d'accesso alla tomba

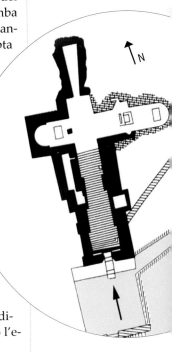

Iscrizione
nella cappella
dedicata
a Gioacchino e Anna

pisodio della sua morte, presente nel testo apocrifo *Storia
di Giuseppe il falegname.*

Giunti in fondo alla scalinata si apre la cripta vera e
propria, a forma di croce. L'abside, sulla sinistra, è rivolta
a occidente, mentre dal IV secolo in poi le absidi furono
sempre rivolte a oriente, in direzione del sole nascente.
Prima dell'affermarsi di questa usanza, probabilmente era
la facciata delle chiese a essere rivolta verso est. La posizione dell'abside nella cripta conferma perciò l'esistenza
di una chiesa antica preesistente a quella crociata e spiega
la collocazione inconsueta dell'altare visibile sul lato sinistro, che è girato verso la parete absidale e non verso il
centro dell'ambiente: la parte sinistra è infatti di proprietà
degli armeni, che celebrano le funzioni religiose sempre
rivolti verso est. Le decorazioni in legno sulle pareti di

questa parte della cripta raffigurano la tipica croce armena, alla cui base fioriscono delle piante che identificano la
croce come simbolo di vita.

Sulla parete centrale di fondo si trovava una volta
l'accesso principale alla cripta dall'interno della chiesa
soprastante. A destra vi è invece la piccola edicola, originariamente rivestita in marmo, che contiene il sepolcro
della Vergine. L'apertura dell'edicola che guarda verso il
centro della chiesa è l'entrata; una volta all'interno, si esce
dall'altra piccola porta sulla sinistra. All'interno, protetta
da un vetro, c'è la roccia viva che si ritiene abbia custodito
il corpo della Vergine. La roccia è molto liscia e presenta
diversi fori scavati dai pellegrini: entrambi questi particolari denotano l'esistenza di una devozione molto antica.
Alle spalle dell'edicola si trova l'altare dove celebrano i
greco-ortodossi; questa parte della chiesa in origine era
assegnata ai francescani.

Le celebrazioni dell'Assunzione

«Quando hai dato alla luce, hai conservato la tua ver-
ginità; quando ti sei addormentata, non hai abbandonato
il mondo, o Madre di Dio. Sei stata assunta alla vita, Madre della Vita, e con le tue preghiere liberi le nostre anime
dalla morte». Con queste parole i cristiani ortodossi inneg-
giano alla Vergine in occasione del Funerale della Madre
di Dio il 14 di agosto del calendario giuliano (il 25 agosto
secondo il nostro calendario). «Né la tomba, né la morte
potrebbero accogliere la Madre di Dio. (...) Poiché Madre
della Vita, è stata assunta alla vita da colui che prese dimo-
ra nel suo grembo verginale». Queste parole riecheggia-
no un'antica tradizione sorta a Gerusalemme, secondo la
quale Maria, la madre di Gesù, morì nella città santa e fu
sepolta al Getsemani. Dopo tre giorni gli apostoli, andati
alla tomba, la trovarono vuota. In occasione della solenne
festività, si danno convegno a Gerusalemme pellegrini e
fedeli delle diverse Chiese d'Oriente. Qualche ora dopo

Interno del sepolcro
di Maria

l'alba, i fedeli si muovono in processione dalla sede del Patriarcato greco-ortodosso di Gerusalemme (poco distante
dalla Basilica del Santo Sepolcro) verso il Getsemani. Un
lungo corteo attraversa le strette vie della città antica mentre intona canti ed eleva preghiere. Il tratto di strada da
coprire è abbastanza lungo. La processione dura almeno
un paio d'ore e per buona parte percorre lo stesso itinerario della *Via Crucis*, ma all'inverso (in direzione ovest-est).
  Alla testa del corteo è portata l'icona della Dormizione
della Santissima Vergine Maria. È tradizione che lungo il
percorso i fedeli le vadano incontro per baciarla in segno
di venerazione. I genitori alzano i propri figli in direzione
dell'icona perché la Vergine li benedica e li protegga. Si
può immaginare con quanta profonda e sincera devozione siano fatti questi gesti. Alle spalle dell'icona segue il
clero e, su due file, i monaci e le monache delle diverse
Chiese ortodosse: greci, rumeni, russi. Giunti alla Tomba
della Vergine, a conclusione della processione si intonano
le Lamentazioni.

Dietro la tomba della Madonna, su di un banco elevato e sormontato da una copertura (una sorta di baldacchino in legno), tra rami di mirto e fiori profumati, viene deposto il sudario della Santissima Madre di Dio. Dopo aver baciato l'icona, molti fedeli, seguendo un costume secolare, si prostrano a terra e passano sotto il baldacchino. Vi è anche la consuetudine di accendere e di porre lungo la grande scalinata d'ingresso centinaia di candele. L'effetto visivo è davvero unico, ma, in alcuni momenti, lo spessore del fumo nella chiesa, nonostante la porta di accesso rimanga spalancata, raggiunge una densità soffocante. Dal 14 (25) agosto fino al 23 (5 settembre per il nostro calendario) è un continuo viavai di fedeli locali e di pellegrini. In chiesa si benedicono fiori ed erbe aromatiche, che la gente porta volentieri con sé a casa. Quando ci sono questioni familiari o di salute, nei piccoli bracieri, al consueto incenso, si aggiungono i petali dei fiori in segno di benedizione. Al termine dei giorni della commemorazione il santo sudario è riportato, sempre in processione, al Patriarcato della Chiesa greca. Il 15 agosto, festa dell'Assunta secondo il calendario liturgico latino, i frati della Custodia e i fedeli cattolici si recano alla Tomba della Madonna per la tradizionale visita.

1. Tomba di Assalonne

2. I monumenti funebri nella valle del Cedron

3. Tomba di Zaccaria

LE TOMBE NELLA VALLE DEL CEDRON

Una volta terminata la visita ai santuari del Monte si può scendere nella valle del Cedron dalla scalinata che si trova di fronte alla Basilica dell'Agonia per visitare tre monumenti funerari antichi. Il primo è il monumento ad Assalonne, figlio del re Davide. Si tratta di un grande monolite in pietra, all'interno del quale c'è una piccola stanzetta, con un buco scavato dai cercatori di tesori. Le colonne sono ioniche, ma il fregio è dorico; al di sopra di esse si trova una cornice in stile egiziano e infine una rotonda coronata da un cono che si allarga a fiore. La mescolanza di stili lascia supporre che il monumento risalga alla tarda epoca ellenistica, al tempo di Erode. La tomba successiva apparteneva alla famiglia sacerdotale di Benê Hezir, originaria di Gerusalemme, come si legge in un'iscrizione ebraica trovata su un architrave. Una leggenda del IV secolo racconta tuttavia di un monaco che in sogno aveva identificato questo luogo come la tomba di san Giacomo, di Zaccaria e di Simeone. In seguito a questo episodio, il vescovo fece compiere scavi e costruire una chiesa, i cui resti sono ancora ben visibili, così come la nicchia scavata sotto la tomba di Zaccaria e due scale per l'accesso dei pellegrini. La terza tomba è infatti la cosiddetta tomba del profeta Zaccaria, completamente scavata nella roccia. Anche qui si mescolano gli stili: i capitelli sono ionici e si appoggiano su colonne appena scanalate, al di sopra delle quali c'è una piramide di tipo egiziano.

Veduta aerea della valle del Cedron. Si notano le cupole della Basilica dell'Agonia, il piazzale antistante l'ingresso alla Tomba di Maria e la chiesa di S. Stefano

Betfage
e Betania

ul versante orientale del Monte degli Ulivi si trovano due importanti villaggi, citati nei vangeli e da secoli mete di pellegrinaggio: Betania e Betfage. Il primo è il villaggio di Lazzaro, Marta e Maria, mentre il secondo è il luogo in cui Gesù salì sul dorso dell'asinello che doveva condurlo a Gerusalemme. Recarsi anche in questi due luoghi dopo essersi fermati nei santuari del versante occidentale è piuttosto impegnativo e la maggior parte dei pellegrini, perciò, dedica a Betfage e a Betania una visita a parte. È tuttavia importante avere un'idea della storia e delle memorie bibliche legate ai due villaggi, in modo da tenere sempre presente di fronte a sé un quadro completo del Monte degli Ulivi e degli eventi straordinari che vi si sono svolti nel corso dei secoli.

Betania

Nella sua vicenda terrena Gesù ha visitato tante case e sappiamo che in alcune amava fermarsi. Tra queste vi è certamente l'abitazione dei tre fratelli Marta, Maria e Lazzaro a Betania. Qui sono ambientati diversi episodi biblici, tra i quali il più conosciuto e venerato è la resurrezione di Lazzaro. Rispetto a Gerusalemme oggi Betania è al di là dal muro di separazione costruito dalle autorità israeliane; per questo motivo non la si può più raggiungere scendendo dal Monte degli Ulivi dopo aver lasciato alle spalle Betfage, sull'antico tragitto che portava da Gerusalemme a Gerico. I pullman dei pellegrini arrivano qui salendo da Gerico, dopo un percorso di vari chilometri in direzione dell'insediamento israeliano *Maalè Adummim*. Il nome arabo dell'attuale centro, *al-Azariyeh*, conserva

Alla pagina precedente: Betania, chiesa di S. Lazzaro, cupola interna (ispirata al Pantheon di Roma) con mosaici dorati nei cassettoni

Betania prima
della costruzione
del nuovo santuario

il greco *Lazarion*, "luogo di Lazzaro"; Betania, invece, è il
nome menzionato nei vangeli e in ebraico significa "casa
di Anania". Si tratta probabilmente dell'omonimo villaggio del periodo postesilico (V sec. a.C.) ricordato nel libro
di Neemia (11,32).

La memoria del luogo della resurrezione del fratello di
Marta e Maria, se si guarda alle testimonianze dei pellegrini, è pressoché ininterrotta. Ciò non meraviglia perché, leggendo i quattro vangeli, si percepisce che a Betania Gesù
aveva un luogo di riferimento, una casa dov'era accolto.

È Giovanni (11,18) a dirci che la Betania dei tre fratelli
distava 15 stadi (2.775 m) da Gerusalemme, mentre Marco
e Luca pongono in relazione Betfage e Betania localizzan-
dole "presso il Monte degli Ulivi". Poco o nulla è rimasto della Betania di Marta, Maria e Lazzaro. Si suppone
che il villaggio sia scomparso nel corso delle guerre giu-
daiche. Proprio per questo desta ancor più meraviglia la

continuità della memoria del luogo, che è prova indiretta della notevole antichità del ricordo. Nel suo *Onomastico*, Eusebio di Cesarea (III-IV sec.) scrive: «Betania, villaggio al secondo miliario da Aelia [Capitolina], alle pendici del Monte degli Ulivi, dove Cristo resuscitò Lazzaro. Vi si mostra ancora oggi il luogo [il sepolcro] di Lazzaro». Nel 390 san Girolamo annota nella sua traduzione latina dell'opera di Eusebio: «Del quale [Lazzaro] una chiesa lì costruita mostra il sepolcro». Dunque sulla tomba di Lazzaro era stata costruita una chiesa. Egeria (380 circa) non parla del villaggio, ma indica il santuario costruito sulla tomba con il nome di *Lazarium*. Le fonti più antiche, infatti, si riferiscono unicamente alla tomba di Lazzaro e solo nel Medioevo a questa tradizione saranno affiancate quella della casa di Marta e Maria e della casa di Simone il lebbroso. Sempre Egeria ci dice che qui si svolgeva una processione, durante la quale si leggeva il passo di Gio-

Betania oggi.
In primo piano,
la chiesa ortodossa
e il torrione crociato

vanni sulla resurrezione di Lazzaro e si dava l'annuncio della Pasqua. Arculfo testimonia l'esistenza di una chiesa e di un monastero, e un Anonimo del XII sec. fa riferimento alla memoria della casa di Simone il lebbroso. In tutte le fonti, a partire da Egeria, è menzionata una chiesa.

Le chiese di Betania

Gli scavi archeologici hanno permesso di individuare tre chiese costruite sul medesimo sito e una quarta sul luogo della tomba di Lazzaro, oltre a resti di abitazioni, di bagni e di cisterne che vanno dall'epoca persiana a quella bizantina. Queste scoperte si devono a padre S. J. Saller, che tra il 1949 e il 1953, per conto dello *Studium Biblicum Franciscanum*, effettuò scavi nella proprietà riscattata nel dopoguerra dalla Custodia di Terra Santa, un'area che si andò ad aggiungere all'appezzamento acquistato nell'800 grazie all'aiuto della marchesa Pauline de Nicolay.

La chiesa più antica, corrispondente a quella di cui parla Girolamo, con l'atrio e un'aula a tre navate divise da colonne, aveva l'impianto di una basilica, e sembra fosse intitolata a S. Maria Maddalena. Distrutta da un terremoto, su di essa fu elevata una seconda chiesa, le cui volte erano rette da grossi pilastri. Sia dell'uno che dell'altro edificio furono portati alla luce mosaici pavimentali. Il pavimento della prima chiesa, visibile in alcuni punti, si trova sotto quello in pietra della costruzione attuale, e mostra un livello di raffinatezza ben superiore ai mosaici della seconda.

Saller datò la chiesa originaria al IV sec. e la successiva al V. Oggi la datazione della seconda chiesa è posta tra il VI e il VII sec. La terza, infine, non è che il restauro della seconda realizzato in epoca crociata. I crociati costruirono anche un monastero, che fu affidato alle benedettine dalla regina Melisenda (1138), la moglie armena del re Baldovino I. I resti visibili di due torri dimostrano che il monastero era fortificato.

Betania, la chiesa moderna realizzata dal Barluzzi

I resti principali delle chiese sono stati inglobati nella struttura moderna, progettata dall'architetto Antonio Barluzzi, consacrata nel 1954 e intitolata a S. Lazzaro. All'interno, tre ampi lunotti incorniciano mosaici con la rappresentazione degli episodi evangelici ambientati a Betania: la resurrezione di Lazzaro, il colloquio di Marta e Maria con Gesù, l'unzione in casa di Simone il lebbroso.

La sistemazione della tomba di Lazzaro è il risultato di adattamenti successivi. Con la conquista di Gerusalemme da parte dei musulmani la chiesa e il monastero furono abbandonati. Nel XVI sec. sulla tomba fu eretta una moschea e i pellegrini non ebbero più libero accesso. La ripida scala da cui si scende è scavata nella roccia e risale al 1590, mentre l'entrata dalla moschea è stata murata. La volta a botte della tomba è probabilmente d'epoca bizantina.

Il racconto dei vangeli ambienta gli episodi ricordati in luoghi diversi. È la tradizione più recente a porre il luogo dell'abitazione dei tre fratelli nell'area del santuario francescano, a identificare il sepolcro di Lazzaro con la tomba situata poco oltre l'odierna moschea e a ricordare l'incontro di Gesù con Maria e Marta a circa mezzo chilometro dalla chiesa, sulla strada verso Gerico. Qui, nell'area della chiesa greco-ortodossa costruita, pare, su resti medievali, è custodita la "pietra del colloquio".

Betfage

I vangeli ci informano che, nel suo cammino verso Gerusalemme, Gesù con i suoi discepoli giunse a Betfage, sul pendio orientale del Monte degli Ulivi, poco distante da Betania. Da qui mandò due di loro a prendere un asino; salito in groppa all'animale, e circondato da un folla osannante, si avviò verso Gerusalemme. L'identificazione di questo luogo con il sito dell'attuale santuario potrebbe risalire già all'VIII sec. I crociati vi costruirono una chiesa che, secondo la testimonianza del

Betfage agli inizi
del XX secolo

pellegrino Giovanni di Würzburg (1165), faceva parte di
un complesso formato da due torri, le quali probabilmente, come quelle analoghe di Betania, avevano anche
uno scopo difensivo. Nel 1883 la Custodia di Terra Santa costruì una cappella sui ruderi dell'antico santuario,
conservando al suo interno una pietra scoperta in questo
luogo nel 1876 e ricordata dai pellegrini come quella di
cui Gesù si servì per salire sull'asino. La pietra presenta
sui quattro lati pitture e iscrizioni latine, che fanno riferimento agli episodi evangelici legati a Betfage e a Betania:
la resurrezione di Lazzaro, i discepoli che vanno a prendere l'asinello, l'incontro di Gesù con Marta e Maria, l'ingresso trionfale a Gerusalemme. Vi si legge anche questa
iscrizione: *Betphage… (pullum cu)m as(i)na ductus a(d) Ihe-
rosilima*, ossia "Betfage… l'asinello con l'asina condotto
a Gerusalemme". Su un frammento della parte destra si
legge invece: *Bernardi Witardi de Borda Fok* (o *Fort*), pro-

Pitture di epoca
crociata all'interno del
santuario delle Palme

babilmente il nome del donatore. Da questo santuario
prende il via ogni anno la processione della Domenica
delle Palme, che termina a Gerusalemme, nel cortile della Basilica di S. Anna.

La Domenica delle Palme

La comunità cristiana ha iniziato molto presto a ricordare l'ingresso solenne di Gesù a Gerusalemme con
una suggestiva processione. Nella testimonianza scritta di Egeria (tardo IV sec.) leggiamo: «La domenica per
cui si entra nella settimana pasquale... tutto il popolo
sale sul monte Oliveto... e quando arriva l'ora undeci-
ma [le cinque del pomeriggio] si legge quel passo del
Vangelo dove i fanciulli vanno incontro al Signore con
rami o palme... Allora il vescovo si alza in piedi e con
lui tutto il popolo. Di là, cioè dalla sommità del monte

Oliveto, si fa tutto il percorso a piedi mentre il popolo, procedendo dinanzi al vescovo, al canto di inni e antifone risponde continuamente: "Benedetto colui che viene nel nome del Signore"». A partire dal IX secolo la processione prende inizio ancora da più lontano: «A circa un miglio [dall'Ascensione] vi è il luogo dove Cristo sedette sul puledro. Là si trova un olivo dal quale ogni anno tagliano un ramo, dopo averne pagato il prezzo, e così entrano in processione a Gerusalemme il giorno delle Palme» (Epifanio). La processione commemorativa, sospesa al termine del regno crociato, tornò in uso grazie ai francescani nel XVI secolo, con il padre Custode di Terra Santa che impersonava Cristo seduto sull'asino. La celebrazione subì sempre alterne vicende

Domenica
delle Palme, 1934

e fu più volte soppressa dalle autorità islamiche. Dal 1933 la processione ha potuto riprendere con la massima solennità sotto la presidenza del Patriarca latino di Gerusalemme, accompagnato dal Delegato Apostolico, da altri vescovi, dal Custode di Terra Santa, da folle di frati e suore, e da migliaia di pellegrini.

Questa suggestiva liturgia inizia alle due del pomeriggio nel recinto del santuario con la lettura del brano evangelico che ricorda l'episodio dell'ingresso di Gesù a Gerusalemme. Dopo il canto del brano evangelico, la processione prende avvio. In testa camminano i famosi *kawas* (le guardie, vestite in abiti ottomani, che fin dall'epoca dell'impero turco precedevano i patriarchi per far loro largo tra la folla), la croce e in seguito la sfilata degli scout, che con le loro colorate uniformi e la ritmica musica attirano l'attenzione di turisti e di fotografi. Seguono quindi i gruppi parrocchiali, le comunità religiose e i pellegrini. In coda si vedono due file di frati francescani, i seminaristi del seminario patriarcale di Beit Jala che fanno da corteo al Patriarca, il Nunzio Apostolico e i vescovi, il Custode di Terra Santa, gli abati e tutti gli altri. Da Betfage si procede sulla strada che sale alla cima del Monte degli Ulivi e costeggia i santuari del *Pater Noster* e dell'Ascensione. Poi si scende per la ripida collina, si passa davanti al *Dominus Flevit* e si giunge al Getsemani, ma senza sostarvi. Dal Getsemani si sale alla Porta dei Leoni per entrare nella Città Vecchia. Qui le palme, i rami d'ulivo, i fiori, e qualunque cosa si porti in mano, si alzano per fare un'ondeggiante copertura al corteo: è la festa dell'"Osanna".

La processione termina dopo più di due ore nel cortile del santuario di S. Anna, dentro le mura. Qui il Patriarca fa un breve discorso e impartisce la solenne benedizione con la reliquia della Santa Croce. A Gerusalemme la processione delle Palme è una grande festa di «gente e nazioni». I pellegrini rappresentano simbolicamente tutti i continenti. C'è chi porta grandi foglie di palma, che raggiungono una lunghezza di qualche metro, qualche ramoscello d'ulivo, un mazzo di fiori raccolti lungo la strada oppure delle colorate bandierine. Con entusiasmo e gioia, in diverse lingue e con ritmi di ogni parte del mondo si canta: «Osanna, benedetto Colui che viene nel nome del Signore».

Facciata della chiesa di Betfage

Frati francescani in processione verso Gerusalemme

Il Monte degli Ulivi è una grandezza biblica e fa parte della nostra esperienza di fede. Nessun cristiano può ignorarlo o rimanere indifferente al suo ricordo, legato in particolar modo agli ultimi avvenimenti della vita di Gesù. In questo monte ci è dato di camminare sulle orme del Salvatore, orme trainanti che ci portano sulla via dell'amore «da questo mondo al Padre» (Gv 13,1), meta ultima e definitiva del nostro divenire. Visitare i santuari seguendo l'ordine cronologico dei Misteri o Atti Salvifici che vi sono stati compiuti richiede un tempo sensibilmente più lungo e la disponibilità ad affrontare un percorso non lineare, in cui è necessario spostarsi più di una volta da cima a valle e da un versante all'altro del Monte. Si tratta tuttavia di un'esperienza certamente suggestiva, durante la quale dedicare ampio spazio alle proprie riflessioni personali, guidate dai testi dei vangeli, dei Padri della Chiesa, e dei santi e beati che hanno intrecciato un rapporto particolare con questi luoghi. Ma l'itinerario proposto nelle pagine seguenti è soprattutto un itinerario di fede, al quale è possibile fare riferimento anche se si effettua la visita ai santuari nell'ordine (diverso) proposto nella prima parte di questa guida e certamente più pratico. Questo percorso alternativo, che segue passo dopo passo le orme di Gesù e degli apostoli, può essere inteso anche come una preparazione prima di cominciare la visita, o come commento conclusivo al suo termine, o infine come semplice lettura, da fare in qualsiasi luogo e in qualsiasi momento, per ripercorrere con la mente alcuni dei momenti fondamentali della vita di Gesù, soffermandosi sui suoi insegnamenti e sul loro significato, e comprendere così l'importanza di questi luoghi nella storia della Salvezza.

Betania

Betania non compare se non alla fine della vita pubblica di Gesù. Luca e Giovanni, quando ne parlano, aggiungono alcune particolarità topografiche che sembrano permettere una localizzazione abbastanza precisa. Situata tra Gerico e Gerusalemme, vicino al Monte degli Ulivi (Lc 19,28-29), la località si trova a circa 15 stadi da Gerusalemme (Gv 11,18), cioè più o meno a 2,8 km.

Gli evangelisti parlano di due case a Betania: quella di Marta e Maria e quella di Simone il lebbroso. Non disponiamo di informazioni, né letterarie né archeologiche, che ci permettano di individuare le due case tra i vani e le grotte finora scoperti. È vero che alcune cronache di pellegrini parlano della casa di Maria, di quella di Marta e di quella di Simone, ma si tratta di documenti di epoca tarda che in generale non collocano le case nel perimetro della borgata evangelica. In realtà, per le prime generazioni di cristiani il ricordo della tomba di Lazzaro era l'unico ad avere importanza.

Testi evangelici

Marta e Maria. Mentre erano in cammino, [Gesù] entrò in un villaggio e una donna, di nome Marta, lo ospitò. Ella aveva una sorella, di nome Maria, la quale, seduta ai piedi del Signore, ascoltava la sua parola. Marta invece era distolta per i molti servizi. Allora si fece avanti e disse: «Signore, non t'importa nulla che mia sorella mi abbia lasciata sola a servire? Dille dunque che mi aiuti». Ma il Signore le rispose: «Marta, Marta, tu ti affanni e ti agiti

Lc 10,38-42

per molte cose, ma di una cosa sola c'è bisogno. Maria ha scelto la parte migliore, che non le sarà tolta».

Mt 26,6-13   *Simone il lebbroso.* Mentre Gesù si trovava a Betània, in casa di Simone il lebbroso, gli si avvicinò una donna che aveva un vaso di alabastro, pieno di profumo molto prezioso, e glielo versò sul capo mentre egli stava a tavola. I discepoli, vedendo ciò, si sdegnarono e dissero: «Perché questo spreco? Si poteva venderlo per molto denaro e darlo ai poveri!». Ma Gesù se ne accorse e disse loro: «Perché infastidite questa donna? Ella ha compiuto un'azione buona verso di me. I poveri infatti li avete sempre con voi, ma non sempre avete me. Versando questo profumo sul mio corpo, lei lo ha fatto in vista della mia sepoltura. In verità io vi dico: dovunque sarà annunciato questo Vangelo, nel mondo intero, in ricordo di lei si dirà anche ciò che ella ha fatto».

Gv 11,1-44   *La resurrezione di Lazzaro.* Un certo Lazzaro di Betània, il villaggio di Maria e di Marta sua sorella, era malato. Maria era quella che cosparse di profumo il Signore e gli asciugò i piedi con i suoi capelli; suo fratello Lazzaro era malato. Le sorelle mandarono dunque a dirgli: «Signore, ecco, colui che tu ami è malato».

All'udire questo, Gesù disse: «Questa malattia non porterà alla morte, ma è per la gloria di Dio, affinché per mezzo di essa il Figlio di Dio venga glorificato». Gesù amava Marta e sua sorella e Lazzaro. Quando sentì che era malato, rimase per due giorni nel luogo dove si trovava. Poi disse ai discepoli: «Andiamo di nuovo in Giudea!».

(...) Disse queste cose e poi soggiunse loro: «Lazzaro, il nostro amico, si è addormentato; ma io vado a svegliarlo». Gli dissero allora i discepoli: «Signore, se si è addormentato, si salverà». Gesù aveva parlato della morte di lui; essi invece pensarono che parlasse del riposo del sonno. Allora Gesù disse loro apertamente: «Lazzaro è morto e io sono contento per voi di non essere stato là, affinché voi crediate; ma andiamo da lui!». Allora Tommaso, chiamato Dìdimo, disse agli altri discepoli: «Andiamo anche noi a morire con lui!».

Quando Gesù arrivò, trovò Lazzaro che già da quattro giorni era nel sepolcro. Betània distava da Gerusalemme meno di tre chilometri e molti Giudei erano venuti da Marta e Maria a consolarle per il fratello. Marta dunque, come udì che veniva Gesù, gli andò incontro; Maria invece stava seduta in casa. Marta disse a Gesù: «Signore, se tu fossi stato qui, mio fratello non sarebbe morto! Ma anche ora so che qualunque cosa tu chiederai a Dio, Dio te la concederà». Gesù le disse: «Tuo fratello risorgerà». Gli rispose Marta: «So che risorgerà nella risurrezione dell'ultimo giorno». Gesù le disse: «Io sono la risurrezione e la vita; chi crede in me, anche se muore, vivrà; chiunque vive e crede in me, non morirà in eterno. Credi questo?». Gli rispose: «Sì, o Signore, io credo che tu sei il Cristo, il Figlio di Dio, colui che viene nel mondo».

Dette queste parole, andò a chiamare Maria, sua sorella, e di nascosto le disse: «Il Maestro è qui e ti chiama». Udito questo, ella si alzò subito e andò da lui. Gesù non era entrato nel villaggio, ma si trovava ancora là dove Marta gli era andata incontro. Allora i Giudei, che erano in casa con lei a consolarla, vedendo Maria alzarsi in fretta e uscire, la seguirono, pensando che andasse a piangere al sepolcro.

Quando Maria giunse dove si trovava Gesù, appena lo vide si gettò ai suoi piedi dicendogli: «Signore, se tu fossi stato qui, mio fratello non sarebbe morto!». Gesù allora, quando la vide piangere, e piangere anche i Giudei che erano venuti con lei, si commosse profondamente e, molto turbato, domandò: «Dove lo avete posto?». Gli dissero: «Signore, vieni a vedere!». Gesù scoppiò in pianto. Dissero allora i Giudei: «Guarda come lo amava!». Ma alcuni di loro dissero: «Lui, che ha aperto gli occhi al cieco, non poteva anche far sì che costui non morisse?».

Allora Gesù, ancora una volta commosso profondamente, si recò al sepolcro: era una grotta e contro di essa era posta una pietra. Disse Gesù: «Togliete la pietra!». Gli rispose Marta, la sorella del morto: «Signore, manda già cattivo odore: è lì da quattro giorni». Le disse Gesù: «Non ti ho detto che, se crederai, vedrai la gloria di Dio?». Tolsero dunque la pietra. Gesù allora alzò gli occhi e disse: «Padre, ti rendo grazie perché mi hai ascoltato. Io sapevo che mi dai sempre ascolto, ma l'ho detto per la gente che mi sta attorno, perché credano che tu mi hai mandato». Detto questo, gridò a gran voce: «Lazzaro, vieni fuori!». Il morto uscì, i piedi e le mani legati con bende, e il viso avvolto da un sudario. Gesù disse loro: «Liberàtelo e lasciàtelo andare».

Gv 12,1-8 ▥   *L'unzione di Betania.* Sei giorni prima della Pasqua, Gesù andò a Betània, dove si trovava Lazzaro, che egli aveva risuscitato dai morti. E qui fecero per lui una cena: Marta serviva e Lazzaro era uno dei commensali. Maria allora prese trecento grammi di profumo di puro nardo, assai prezioso, ne cosparse i piedi di Gesù, poi li asciugò con i suoi capelli, e tutta la casa si riempì dell'aroma di quel profumo. Allora Giuda Iscariota, uno dei suoi discepoli, che stava per tradirlo, disse: «Perché non si è venduto questo profumo per trecento denari e non si sono dati ai poveri?». Disse questo non perché gli importasse dei poveri, ma perché era un ladro e, siccome teneva la cassa, prendeva quello che vi mettevano dentro. Gesù allora disse: «Lasciala fare, perché essa lo conservi per il giorno della mia sepoltura. I poveri infatti li avete sempre con voi, ma non sempre avete me».

Antichi testimoni

DIARIO, XXIX,4-5 ▥   *Egeria, anno 380 circa.* Quelli che da Gerusalemme vanno al Lazzario, giunti a circa cinquecento passi da quel luogo, trovano sulla strada una chiesa in quel posto dove Maria, sorella di Lazzaro, andò incontro al Signore. Là quando arriva il vescovo, vanno ad incontrarlo tutti i monaci, e il popolo entra (in chiesa); si dice un inno un'antifona, e si legge quel brano del Vangelo dove la sorella di Lazzaro incontrò il Signore.

Appena si arriva al Lazzario, tutta la moltitudine (dei fedeli) si raduna in modo che non solo quel luogo, ma anche tutti i campi all'intorno sono pieni di gente. Si dicono ancora inni ed antifone appropriate al giorno e al luogo; similmente anche le letture che si fanno, sono appropriate al giorno. Quando si dà il congedo si annunzia la Pasqua, cioè un sacerdote sale in un posto più alto e legge quel brano che si trova scritto nel Vangelo: "Essendo venuto Gesù in Betania sei giorni prima della Pasqua", eccetera. Letto dunque quel brano e annunziata la Pasqua, si dà il congedo.

Santuario del Pater Noster

La tradizione che colloca qui l'insegnamento del *Padre Nostro* ha un solido fondamento nel testo dell'evangelista Luca, che lo pone subito dopo la visita di Gesù a Marta e Maria. In questo senso ne parla anche il pellegrino russo Daniele, nel XII sec., mentre duecento anni prima, nel X sec., lo storico Eutichio faceva riferimento al luogo dove «Cristo impartiva insegnamenti ai suoi discepoli» (*Libro della Dimostrazione* 332), tra cui anche il discorso escatologico (Mc 13,3ss par.).

Tertulliano definiva il *Padre Nostro* un riassunto del Vangelo (*De Oratione Domini* 1,6; *Patrologia Latina* 1,1153), mentre per sant'Agostino esso era la sintesi perfetta dell'intera preghiera biblica: «Se passi in rassegna tutte le parole delle preghiere contenute nella S. Scrittura, per quanto io penso, non ne troverai una che non sia contenuta e compendiata in questa preghiera insegnataci dal Signore» (*Lettera a Proba* 12,22). Santa Teresina parla di una preghiera che rapisce e nutre lo spirito e anche Simone Weil, la mistica e filosofa francese di origine ebraica, scrivendo del *Padre Nostro* affermava: «È impossibile pronunciare il *Pater* una sola volta senza che un mutamento, magari infinitesimale, si produca nell'anima».

Antichi testimoni

DE LOCIS SANCTIS, 1,25   *Vescovo Arculfo (testimonianza raccolta dal monaco Adamnano), anno 670 circa.* Crediamo opportuno scrivere brevemente intorno a un'altra chiesa più celebre nella parte meridionale di Betania, che fu costruita in quel posto del Monte Oliveto, dove si dice che il Signore parlò ai suoi Apostoli. Qui bisognerebbe ricordare con diligenza quale discorso, o in qual tempo o a quali in particolare dei suoi discepoli abbia parlato il Signore. Se apriamo i Vangeli dei tre scrittori, Matteo, Marco, Luca, essi ci spiegheranno chiaramente queste tre domande. Essi sono d'accordo riguardo alla qualità del discorso; se uno legge il Vangelo di Matteo circa il luogo dove si radunarono, e del soggetto del discorso, non può avere dubbi, poichè lo stesso Evangelista menziona il Signore dicendo: "Mentre stava seduto sul Monte Oliveto gli si avvicinarono i discepoli e in disparte gli chiesero: Spiegaci, quando avverranno queste cose, e quale sarà il segno della tua venuta e della fine del mondo". Qui Matteo tacque delle persone che lo interrogarono; invece Marco non tace, quando scrive, dice così: «Lo interrogarono separatamente Pietro, Giacomo, Giovanni e Andrea». Secondo i tre sunnominati Evangelisti (il Signore) rispondendo (ai discepoli) che lo interrogavano, mostrò la natura del discorso, quando disse: «Badate che nessuno v'inganni. Molti verranno nel mio nome dicendo: Sono io», e altre cose che accompagnano gli ultimi tempi e la fine del mondo. Con una lunga narrazione Matteo prosegue fino al luogo dove evidentemente dimostra il tempo di questo discorso con le parole del Signore, quando scrive: «Quando Gesù terminò tutti questi discorsi, disse ai suoi discepoli: Voi sapete che dopo due giorni sarà la

Pasqua, e il Figlio dell'uomo sarà consegnato per essere crocifisso», eccetera. Chiaramente dunque viene dimostrato che il Signore si era intrattenuto lungamente nel discorso sunnominato con i suoi 4 suddetti Apostoli che lo interrogarono nel giorno di mercoledì, quando restavano ancora due giorni per arrivare al primo giorno degli azzimi, detto la Pasqua. A ricordo di quel discorso fu costruita sul luogo quella chiesa in memoria del fatto, ed è tenuta in grande venerazione.

Testi evangelici

Il Padre Nostro. Gesù si trovava in un luogo a pregare; quando ebbe finito, uno dei suoi discepoli gli disse: «Signore, insegnaci a pregare, come anche Giovanni ha insegnato ai suoi discepoli». Ed egli disse loro: «Quando pregate, dite: "Padre, sia santificato il tuo nome, venga il tuo regno; dacci ogni giorno il nostro pane quotidiano, e perdona a noi i nostri peccati, anche noi infatti perdoniamo a ogni nostro debitore, e non abbandonarci alla tentazione"».

Lc 11,1-4

Betfage

Betfage è il villaggio sul Monte degli Ulivi dal quale Gesù, diretto a Gerusalemme, inizia l'ingresso trionfale nella città santa cavalcando un asinello, come riferiscono gli evangelisti Marco, Matteo e Luca (Mc 11,1; Mt 21,1; Lc 19,29). Lo accompagna una folla numerosa e festante. Nel corteo si distinguono i fanciulli, che acclamano con tutti gli altri: «Osanna al figlio di Davide», suscitando la protesta dei sommi sacerdoti e degli scribi.

DIARIO 31,3

Ogni anno si rinnova questo episodio evangelico nel pomeriggio della Domenica delle Palme, con una grande partecipazione popolare. Questa tradizione era già viva nel IV sec., come apprendiamo dai resoconti di Egeria: «Tutti i bambini del luogo, anche quelli che non sanno ancora camminare perché troppo piccoli e che sono portati a cavalcioni dai genitori, tutti hanno dei rami, chi di palma, chi di ulivo».

Testi evangelici

Mc 11,1-10

Verso Betfage. Quando furono vicini a Gerusalemme, verso Bètfage e Betània, presso il monte degli Ulivi, mandò due dei suoi discepoli e disse loro: «Andate nel villaggio di fronte a voi e subito, entrando in esso, troverete un puledro legato, sul quale nessuno è ancora salito. Slegatelo e portatelo qui. E se qualcuno vi dirà: "Perché fate questo?", rispondete: "Il Signore ne ha bisogno, ma lo rimanderà qui subito"». Andarono e trovarono un puledro legato vicino a una porta, fuori sulla strada, e lo slegarono. Alcuni dei presenti dissero loro: «Perché slegate questo puledro?». Ed essi risposero loro come aveva detto Gesù. E li lasciarono fare. Portarono il puledro da Gesù, vi gettarono sopra i loro mantelli ed egli vi salì sopra. Molti stendevano i propri mantelli sulla strada, altri invece delle fronde, tagliate nei campi. Quelli che precedevano e quelli che seguivano, gridavano: «Osanna! Benedetto colui che viene nel nome del Signore! Benedetto il Regno che viene, del nostro padre Davide! Osanna nel più alto dei cieli!».

Dominus Flevit

Alla vista di Gerusalemme Gesù piange sulla città (Lc 19,41-44), perché la vede chiusa alla sua visita e al suo dono messianico, la pace, ossia il complesso dei beni spirituali e materiali. Ma Gesù piange Gerusalemme anche perché ne prevede la catastrofe del 70, quando la città santa verrà ridotta a un cumulo di macerie dall'esercito romano guidato da Tito. «Nel pianto di Gesù a Gerusalemme – ha spiegato Giovanni Paolo II – trova espressione il suo amore per la città santa, assieme al dolore per il suo futuro non lontano che egli prevede: la città sarà conquistata e il tempio distrutto, i giovani saranno sottoposti al suo stesso supplizio, la morte di croce».

Testi evangelici

Il pianto su Gerusalemme. Quando [Gesù] fu vicino, Lc 19,41-44 alla vista della città pianse su di essa dicendo: «Se avessi compreso anche tu, in questo giorno, quello che porta alla pace! Ma ora è stato nascosto ai tuoi occhi. Per te verranno giorni in cui i tuoi nemici ti circonderanno di trincee, ti assedieranno e ti stringeranno da ogni parte; distruggeranno te e i tuoi figli dentro di te e non lasceranno in te pietra su pietra, perché non hai riconosciuto il tempo in cui sei stata visitata».

Il Getsemani

La Basilica dell'Agonia racchiude la roccia sulla quale Gesù trascorse l'ora più dolorosa della Passione, come confidò alla monaca e mistica francese del XVII sec. santa Margherita Maria Alacoque: «Qui ho sofferto più che in tutto il resto della mia Passione, vedendomi abbandonato dal Cielo e dalla terra, caricato di tutti i peccati dell'umanità» (*Scritti* 3). Quella di Gesù fu «un'agonia di dolore permeato di amore» scrisse a sua volta la santa (*ibid.*).

"Agonia" vuol dire tante cose nel contesto evangelico: è intesa come lotta suprema contro l'impero delle tenebre (Lc 22,53), è tristezza dell'anima «fino alla morte» (Mt 26,38), preghiera intensa fino al sudore di sangue (Lc 22,44), sforzo tremendo per obbedire «fino alla morte e alla morte di croce» (Fil 2,8-11). Sulla Roccia dell'Agonia il Maestro insegna soprattutto due cose: la preghiera filiale e l'obbedienza salvifica alla volontà esigente ma sommamente benefica di Dio Padre.

La Grotta del Getsemani è il luogo del bacio di Giuda e dell'arresto del Signore.

Testi evangelici

Gv 18,1-2 ▦   **L'agonia al Getsemani.** Dopo aver detto queste cose, Gesù uscì con i suoi discepoli al di là del torrente Cedron, dove c'era un giardino, nel quale entrò con i suoi discepoli. Anche Giuda, il traditore, conosceva quel luogo, perché Gesù spesso si era trovato là con i suoi discepoli.

Mt 26,36-39 ▦   Allora Gesù andò con loro in un podere, chiamato Getsèmani, e disse ai discepoli: «Sedetevi qui, mentre io vado là a pregare». E, presi con sé Pietro e i due figli di Zebedeo, cominciò a provare tristezza e angoscia. E disse loro: «La mia anima è triste fino alla morte; restate qui e vegliate con me». Andò un poco più avanti, cadde faccia a terra e pregava, dicendo: «Padre mio, se è possibile, passi via da me questo calice! Però non come voglio io, ma come vuoi tu!».

Lc 22,43-44 ▦   Gli apparve allora un angelo dal cielo per confortarlo. Entrato nella lotta, pregava più intensamente, e il suo sudore diventò come gocce di sangue che cadono a terra.

Mc 14,37-42 ▦   Poi venne, li trovò addormentati e disse a Pietro: «Simone, dormi? Non sei riuscito a vegliare una sola ora? Vegliate e pregate per non entrare in tentazione. Lo spirito è pronto, ma la carne è debole». Si allontanò di nuovo e pregò dicendo le stesse parole. Poi venne di nuovo e li trovò addormentati, perché i loro occhi si erano fatti pesanti, e non sapevano che cosa rispondergli. Venne per la terza volta e disse loro: «Dormite pure e riposatevi! Basta! È venuta l'ora: ecco, il Figlio dell'uomo viene consegnato nelle mani dei peccatori. Alzatevi, andiamo! Ecco, colui che mi tradisce è vicino».

Mc 14,43-45 ▦   **L'arresto di Gesù.** E subito, mentre ancora egli parlava, arrivò Giuda, uno dei Dodici, e con lui una folla con spade e bastoni, mandata dai capi dei sacerdoti, dagli scribi e dagli anziani. Il traditore aveva dato loro un segno convenuto, dicendo: «Quello che bacerò, è lui; arrestatelo e conducetelo via sotto buona scorta». Appena giunto, gli si avvicinò e disse: «Rabbì» e lo baciò.

Gesù allora, sapendo tutto quello che doveva accadergli, si fece innanzi e disse loro: «Chi cercate?». Gli risposero: «Gesù, il Nazareno». Disse loro Gesù: «Sono io!». Vi era con loro anche Giuda, il traditore. Appena disse loro "Sono io", indietreggiarono e caddero a terra. Domandò loro di nuovo: «Chi cercate?». Risposero: «Gesù, il Nazareno». Gesù replicò: «Vi ho detto: sono io. Se dunque cercate me, lasciate che questi se ne vadano», perché si compisse la parola che egli aveva detto: «Non ho perduto nessuno di quelli che mi hai dato». Allora Simon Pietro, che aveva una spada, la trasse fuori, colpì il servo del sommo sacerdote e gli tagliò l'orecchio destro. Quel servo si chiamava Malco. Gesù allora disse a Pietro: «Rimetti la spada nel fodero: il calice che il Padre mi ha dato, non dovrò berlo?».

Gv 18,4-11

Allora Gesù disse loro: «Come se fossi un ladro siete venuti a prendermi con spade e bastoni. Ogni giorno ero in mezzo a voi nel tempio a insegnare, e non mi avete arrestato. Si compiano dunque le Scritture!». Allora tutti lo abbandonarono e fuggirono. Lo seguiva però un ragazzo, che aveva addosso soltanto un lenzuolo, e lo afferrarono. Ma egli, lasciato cadere il lenzuolo, fuggì via nudo.

Mc 14,48-52

Antichi testimoni

Egeria, anno 380 circa. Arrivati al Getsemani, si fa da principio una preghiera appropriata, e poi si dice un inno; poi si legge quel brano del Vangelo che tratta della cattura del Signore. Durante la lettura di questo brano, si sente un mormorio tale e lamenti da parte di tutto il popolo insieme

ITINERARIO, XXXVI,3

a pianti, che quei gemiti di tutto il popolo potrebbero essere uditi fino alla città. E da quel momento si va a piedi alla città dicendo inni, e si giunge alla porta in quell'ora in cui un uomo comincia a distinguere un altro uomo. Poi dentro la città tutti, nessuno escluso, grandi e piccoli, ricchi e poveri, si ritrovano là pronti; specialmente in quel giorno nessuno tralascia di fare le veglie fino alla mattina. In tal modo si accompagna il vescovo dal Getsemani fino alla porta (della città), e da li si attraversa tutta la città fino alla Croce.

ITINERARIO 17   *Pellegrino anonimo di Piacenza, anno 570.* Scendendo dal monte Oliveto nella valle del Getsemani, nel luogo dove il Signore fu tradito, ci sono tre sedili sui quali egli stesso stette seduto. Anche noi vi ci siamo messi per devozione. Nella medesima valle c'è la basilica di santa Maria. Dicono che qui fu la sua casa dove fu separata dal corpo. La valle del Getsemani si chiama anche valle di Giosafat. Dal Getsemani salimmo alla porta della città di Gerusalemme per molti gradini.

LIBELLUS DE LOCIS   *Teodorico, anno 1172.* Andando verso il Monte Oliveto, s'incontra verso sud, una chiesa non piccola, chiamata Getsemani, dove il Salvatore, venendo dall'orto con i suoi discepoli, entrò e disse loro: «Sedetevi qui fino a quando vado là a pregare». Perciò tu, entrato dentro, subito incontrerai un venerando altare, ed entrando nella grotta sotterranea, troverai a sinistra quattro luoghi distinti, in ognuno dei quali tre Apostoli dormirono coricati. Verso sinistra vi è in un angolo della stessa grotta un enorme sasso, sul quale Cristo, premendo con le dita, vi fece sei buchi.

Ascensione

Il santuario dell'Ascensione, sulla cima del Monte degli Ulivi, sorge nel luogo dove secondo la tradizione il Risorto «come aquila volò con la sua umanità verso il Cielo» (santa Brigida), dando l'ultima benedizione ai suoi. Da lì tornerà alla fine dei tempi come giudice universale (Lc 24,50ss.; At 1,9ss). L'Edicola dell'Ascensione, scrive Eutichio, «sta a rendere testimonianza che Cristo radunò tutti i suoi discepoli, (…) Maria, sua madre e tutte le altre donne che erano con lei, e salì con essi sulla cima del Monte degli Ulivi» (*Libro della Dimostrazione* 349). L'Ascensione sigilla il riavvicinamento tra Dio e l'uomo: in Cristo «l'uomo che si trovava così in basso da non poter ulteriormente discendere è stato elevato così in alto da non poter ulteriormente ascendere» (San Giovanni Crisostomo, *Patrologia Graeca* 50, 446s).

Testi evangelici

Poi li condusse fuori verso Betània e, alzate le mani, li benedisse.

Quelli dunque che erano con lui gli domandavano: «Signore, è questo il tempo nel quale ricostituirai il regno per Israele?». Ma egli rispose: «Non spetta a voi conoscere tempi o momenti che il Padre ha riservato al suo potere, ma riceverete la forza dallo Spirito Santo che scenderà su di voi, e di me sarete testimoni a Gerusalemme, in tutta la Giudea e la Samaria e fino ai confini della terra».

Detto questo, mentre lo guardavano, fu elevato in alto e una nube lo sottrasse ai loro occhi. Essi stavano fissando il cielo mentre egli se ne andava, quand'ecco due uomini in bianche vesti si presentarono a loro e dissero: «Uomini di Galilea, perché state a guardare il cielo? Questo Gesù, che di mezzo a voi è stato assunto in cielo, verrà allo stesso modo in cui l'avete visto andare in cielo».

> Lc 24,50

> At 1,6-11

Antichi testimoni

Vescovo Arculfo (testimonianza raccolta dal monaco Adamnano), anno 670 circa. In tutto il monte Oliveto pare che nessun altro luogo sia più alto di quello dove si dice che il Signore salì al cielo; là s'innalza una grande chiesa

> ADAMNANO, *DE LOCIS SANCTIS*, 1,23

rotonda che ha all'intorno tre portici coperti. L'edicola di questa chiesa rotonda è, nell'interno, a cielo aperto, senza volte e senza tetto. Nella parte orientale vi è eretto un altare sotto una piccola copertura che lo protegge. Pertanto quell'edicola non ha nell'interno una volta posta al di sopra, affinché da quello stesso luogo sul quale alla fine rimasero le divine vestigia quando il Signore si elevò sopra la nube verso il cielo, da quel medesimo luogo fosse visibile agli occhi dei fedeli oranti la via sempre aperta diretta verso gli spazi celesti. Infatti quando si fabbricava questa basilica, di cui adesso si fanno pochi cenni, sullo stesso luogo delle orme del Signore, come si è trovato scritto altrove (Sulpicio Severo, Hist. 2,33), non si potè continuare il pavimento con la restante parte del lastricato appunto perché la terra, dopo aver rigettato via le lastre di marmo, non abituata a tollerare una cosa qualsiasi che le fosse applicata sopra, le respingeva in faccia a chi cercava di mettercele. E anzi è un documento perenne della polvere calcata da Dio che si vedano le sue orme impresse e sebbene folle di visitatori fedeli ogni giorno portino via quella polvere calcata dal Signore, pure non viene mai a mancare, cosicché quella terra conserva ancora l'impronta come di orme impresse.

Come riferisce il santo Arculfo, assiduo visitatore di quel santuario, su quel posto fu messa una grande gabbia rotonda di bronzo, aperta al di sopra; la sua altezza, misurata, arriva al collo di un uomo. A metà si apre una finestrella, non tanto piccola, attraverso la quale, apertala, si vedono da sopra le orme dei piedi del Signore che si mostrano nettamente e nitidamente impresse nella polvere. In quella specie di gabbia è sempre aperta una specie di porta nella parte occidentale cosicché (i custodi), entrando facilmente per essa, possono avvicinarsi al luogo della sacra polvere e per quella finestrella, aperta al di sopra nella stessa gabbia rotonda (i pellegrini) allungano le mani per prendere una piccola quantità della sacra polvere.

La Tomba di Maria

Eutichio, Patriarca di Alessandria (X sec. d.C.), sulla base di antichissime tradizioni, precisa che la Madonna, morta sul Monte Sion alla presenza degli apostoli, fu da loro sepolta «nel wadi che è tra il Monte degli Ulivi e Gerusalemme» e qui «dopo tre giorni e tre notti» fu risuscitata da Cristo e trasferita dagli angeli «nelle dimore della gloria» (*Libro della Dimostrazione* 354-356): così il Signore innalzava accanto a sé ed esaltava il corpo in cui si era incarnato per la nostra salvezza.

Gesù nell'Orto degli Ulivi con i discepoli (da A. Reissner, 1563)

Eutichio racconta anche che, prima del suo transito, gli apostoli «si fecero benedire da colei che era benedetta» e dopo il felice transito ne celebrarono solennemente il funerale «glorificando, magnificando e onorando la Vergine tutta buona» (*Ivi* 355). Dopo secoli, la sua bara fu trasportata a Costantinopoli, mentre «la roccia incavata, nella quale era stata la bara, rimase nella chiesa del Getsemani, a disposizione della gente perché ne ricevesse benedizioni ed esaltasse Dio» (*Ivi* 356).

Si veniva qui per incontrare colei che, quale madre dell'Altissimo, può tutto, è onnipotente per grazia, come canta la liturgia bizantina. Altri testi di questa liturgia, che tuttora si celebra presso la Tomba di Maria, ci fanno assistere al dialogo tra lei e i devoti, tra Madre e figli: «Anche dopo morta, non sono lontana da voi» dice lei, la Regina Madre, e i fedeli le rispondono: «Ci sembra di contemplarti, o Santa Madre di Dio, vedendo la tua tomba. (…) Tu, Maria, sei la dolcezza degli angeli, la gioia degli afflitti. (…) Tu sola sei patrona dei poveri, degli orfani e delle vedove. (…) Noi tutti ti proclamiamo difesa dei cristiani e, soprattutto, Madre».

Nel 1372 santa Brigida visitò questa tomba veneranda, incontrò la Vergine e ricevette da lei un messaggio di vita:

«Tornate ormai nei paesi cristiani; cercate di emendare sempre più la vostra vita, e cercate di vivere in seguito con somma vigilanza e attenzione, dal momento che avete già visitato questi Luoghi Santi, dove io e mio Figlio vivemmo corporalmente, morimmo e fummo sepolti».

Il Nuovo Testamento non racconta le vicende della morte di Maria, ma il testo apocrifo *Transitus Virginis Mariae* (di cui esiste più di una versione) suggerisce alcune immagini dell'evento, che hanno inoltre contribuito a identificare il sito ove sorge l'attuale chiesa:

«Stamattina prendete [fu detto agli apostoli] la Signora Maria e andate fuori Gerusalemme nella via che conduce al capo valle oltre il Monte degli Ulivi. Ecco, vi sono tre grotte: una larga esterna, poi un'altra dentro, e una piccola camera interna con un banco alzato di argilla nella parte orientale. Andate e mettete la benedetta su quel banco. (…) Poi gli apostoli con grande onore la deposero nel sepolcro, piangendo e cantando per il troppo amore e la dolcezza. E ad un tratto li avvolse una luce dal cielo e, mentre cadevano a terra, il santo corpo fu assunto in cielo dagli angeli».

Antichi testimoni

ADAMNANO,
DE LOCIS SANCTIS,
1,12

Vescovo Arculfo (testimonianza raccolta dal monaco Adamnano), anno 670 circa. Il santo Arculfo, diligente frequentatore dei luoghi santi, frequentava la chiesa di S. Maria nella valle di Giosafat. Questa chiesa è costruita a due piani. La parte inferiore, col soffitto in pietra, è fabbricata in una mirabile forma rotonda. Sul lato orientale c'è un altare, mentre sul lato destro si trova, scavato nella roccia, il sepolcro vuoto di Maria; quello nel quale essa riposò un tempo dopo essere stata sepolta. Ma in che modo o in che tempo il suo santo corpo sia stato levato da quel sepolcro, o in quale luogo attenda la risurrezione, dice (Arculfo), nessuno lo può sapere con sicurezza. All'entrata di quella chiesa inferiore rotonda di S. Maria, inserita nella parete di destra, si vede la pietra sulla quale il Signore, prima dell'ora del tradimento, pregò in ginocchio nell'orto del Getsemani, quella notte in cui Giuda lo consegnò nelle mani di uomini peccatori. Ora, in quella pietra, si vedono profondamente impressi, come nella cera, i segni delle sue due ginocchia. Così ci riferì il nostro santo fratello Arculfo, visitatore dei luoghi santi, il quale vide con i propri occhi queste cose che noi abbiamo descritto. Nella chiesa superiore di Santa Maria, ugualmente rotonda, si riporta che vi sono quattro altari.

Santa Brigida di Svezia, anno 1372. A questa gloriosa anima era stata preparata dall'eternità una sede piena di gloria, la più vicina alla stessa Trinità. Perché, come Dio Padre era nel Figlio e il Figlio nel Padre, e lo Spirito Santo nel Padre e nel Figlio, quando il Figlio, dopo aver preso carne umana nel seno di sua madre, vi riposava con la divinità e l'umanità, restando assolutamente indivisa l'unità della Trinità, ed inviolata l'integrità verginale della madre, così anche lo stesso Dio preordinò all'anima della benedetta Vergine una mansione vicina al Padre, al Figlio e allo Spirito Santo, perché fosse partecipe di tutti i beni che possono essere donati da Dio.

Inoltre, nessuna profondità di cuore può comprendere quanta festa fece Dio in cielo alla sua corte, quando la sua amantissima madre emigrò da questo mondo di miserie; come apparirà veramente a tutti coloro che desiderano con amore la patria celeste, quando avranno contemplato Dio stesso, faccia a faccia. Anche gli angeli, congratulandosi con l'anima della Vergine, glorificavano Dio, perché per la morte corporale dello stesso Cristo la loro schiera si riempiva, e per la venuta della madre sua in cielo si colmava la loro gioia.

Anche Adamo ed Eva, con i patriarchi, i profeti e tutta la moltitudine liberata dal carcere del Limbo, e gli altri pervenuti alla gloria dopo la morte di Cristo, godevano in cielo, dando lode e onore a Dio, che aveva decorata di

SANTA BRIGIDA, *RIVELAZIONI CELESTI,* LIBRO XI,20

tanto prestigio colei che aveva generato tanto santamente e gloriosamente il loro Redentore e Signore. Gli apostoli pure, e tutti gli amici di Dio, che erano presenti alla degnissima sepoltura della stessa Vergine, quando il suo amantissimo Figlio ne portava con sé in cielo la gloriosa anima, la veneravano con umile ossequio, esaltando il suo venerabile corpo con tutta la lode e gloria che potevano. E veramente deve credersi, tolta qualsiasi ambiguità, che, come quel corpo della beatissima Vergine era deposto morto nella sepoltura dagli amici di Dio, così fu rispettosamente assunto vivo con l'anima alla vita perpetua.

Bibliografia

Questo volume ha un grosso debito di riconoscenza verso opere pubblicate in seno alla Custodia di Terra Santa e ormai non più reperibili:

Donato Baldi, *Guida di Terra Santa*, Edizioni Custodia di Terra Santa, Gerusalemme 1963.

Claudio Baratto (a cura), *Guida di Terra Santa*, Edizioni Custodia di Terra Santa, Gerusalemme 1999.

AA.VV, *Il Monte degli Olivi e i suoi Santuari*, Supplemento 1996 del bollettino *Eco della Custodia di Terra Santa*, Centro Propaganda e Stampa di T.S.

Albert Storme, *Getsemani*, FPP, Gerusalemme 1970.

Id., *Il Monte degli Olivi*, FPP, Gerusalemme 1985.

Id., *Betania*, FPP, Gerusalemme 1992.

Ulteriori approfondimenti:

AA.VV., *Sulle orme di Gesù. Guida ai santuari di Terra Santa*, Edizioni Terra Santa, Milano 2013^2, pp. 192, illustrato a colori.

Mario Russo Cirillo, *La Terra dell'Alleanza. Guida ai luoghi santi attraverso la Bibbia, la storia, l'archeologia e la preghiera*, Edizioni Terra Santa, Milano 2013^2, pp. 714, illustrato a colori.

L. Daniel Chrupcała, *Gerusalemme città della speranza*, Edizioni Terra Santa, Milano 2009, pp. 328.

Terra Sancta. Custodi delle sorgenti della salvezza, DVD (210 minuti), Edizioni Terra Santa, Milano 2007.

Crediti fotografici

Archivio ETS: pp. 9 (Monte degli Ulivi), 23, 24, 41 (Ascensione), 42, 45, 64 (in alto), 68, 69, 71, 73, 76, 80, 83, 84, 89 (in basso)
Marie-Armelle Beaulieu: pp. 41 (Getsemani), 52
Enrique Bermejo: p. 46
Piero Cagna: pp. 60, 62 (in alto), 63, 80
Carlo Giorgi: p. 69 (in basso)
Jerzy Kraj: pp. 9 (Basilica dell'Agonia e Tomba di Maria), 38
Stanislao Lee: pp. 9 (Ascensione), 41 (Dominus Flevit e Pater Noster), 48, 49, 51, 53, 54, 55, 56, 58, 61, 62 (in basso), 64 (in basso), 66, 74, 79, 87, 89 (in alto)
Library of Congress Washington DC, USA: pp. 12, 13, 14, 20, 22, 32, 33, 53, 82, 86, 88
Abraham Sobkowski: pp. 28, 29, 41 (Orto degli Ulivi), 57, 67
Lidian Strzedula: p. 41 (Betfage)

La tavola di p. 9 è disegnata da Ivano Ceriani

Le illustrazioni degli antichi pellegrini sono tratte da:
Pseudo Noè Bianco o.f.m., *Viaggio da Venetia al sancto sepulchro et al monte Sinai piu copiosamente descrito de li altri con disegni de Paesi, Citade, Porti et chiesie et li santi loghi con molte altre santimonie che qui si trovano designate et descrite come sono ne li luoghi lor propri*, Venezia, 19 settembre 1518.
Jean Zuallart, *Il devotissimo viaggio di Gierusalemme. Fatto, e descritto in sei libri. Dal signor Giovanni Zuallardo, cavaliere del santiss. Sepolcro di N.S. l'anno MDLXXXVI. Aggiontivi i disegni in rame di varij luoghi di Terra S. & altri paesi*, Roma 1595.
George Sandys, *A relation of a Journey begun An. Dom. 1610*, London 1615.
Bernardino Amico o.f.m., *Trattato delle piante & immagini de sacri edifizi di Terra Santa disegnate in Ierusalemme secondo le regole della prospettiua, & vera misura della lor grandezza dal R.P.F. Bernardino Amico da Gallipoli dell'Ord. di S. Francesco de Minori osservanti*, Firenze 1620.
Electus Zwinner o.f.m., *Blumen-Buch dess Heiligen Lands Palestinae, so in drey Buecher abgetheilt*, München 1661.

Quaderni
di Terra Santa

Una nuova collana di monografie che intende avvicinare i lettori ai tesori archeologici e spirituali della Terra Santa. Corredato di un ricco apparato iconografico a colori, che include foto d'epoca e cartine, ogni volume presenta un sito di Terra Santa caro alla tradizione cristiana attraverso descrizioni e schede di approfondimento. L'opera si avvale dei contributi dei docenti – biblisti e archeologi – dello Studium Biblicum Franciscanum di Gerusalemme e, più in generale, dei frati minori della Custodia di Terra Santa.

I volumi della collana

1. EMANUELA COMPRI - VALERIA VESTRELLI (a cura di)
Nazaret e i suoi santuari, 2015.

2. EUGENIO ALLIATA - ELENA BOLOGNESI (a cura di)
Il Monte degli Ulivi e i suoi santuari, 2015.

3. *Cafarnao, la città di Gesù* (in preparazione).

di *MARIO RUSSO CIRILLO*

LA TERRA DELL'ALLEANZA
Guida ai luoghi santi attraverso la Bibbia, la storia, l'archeologia e la preghiera

Una guida completa che accompagna il pellegrino nella visita alla Terra di Gesù e lo introduce alla conoscenza dei personaggi, dei luoghi e degli eventi. Con cartine, immagini e utili schede di approfondimento.

pp. 714 ill. a colori - 2013 (II edizione) - euro 36,00

SULLE ORME DI GESÙ
Guida ai santuari di Terra Santa

Un sussidio per il pellegrino nella visita ai principali santuari della Terra Santa. Per ognuno sono riportati:
- la lettura biblica di riferimento
- appunti della tradizione storica legata al luogo
- la cartina archeologica per orientarsi e ripercorrere le fasi storiche
- una proposta di preghiera da celebrare durante la visita
- suggestive immagini a colori
- orari di apertura e recapiti.

Completano il volume due cartine fuori testo, per localizzare i santuari a Gerusalemme e nel resto della regione.

pp. 192 ill. a colori - 2013 (II edizione) - euro 12,00